7주 만에 작가 되기

책쓰기 코치의 작가 수업

감성과 창조의 시대에 맞는 창조적 책 쓰기 멘토링

3년 1만권 독서가 | 15년 150권 출간 작가 | 15년 1,000명 작가 배출 책쓰기 코치 | 15년 연속 베스트셀러 작가의 유일무이한 책쓰기 작가 수업

" 나는 알고 있다.

누구나 글을 쓸 수 있고, 누구나 작가가 될 수 있다는 것을. 그런 사실을 받아들이고, 자기 를 알고, 자기를 믿으려면, 글과 씨름을 할 필요가 있다는 것을,

또한 나는 알고 있다.

그 씨름을 계속하려면 믿음과 용기가 필요하다는 것을. 또한 알고 있다. 글쓰기는 누구에 게나 무한한 가치가 있다는 것을."

< 로버타 진 브라이언트, >

프롤로그 _ 책쓰기를 통해 인생을 혁명하라.

' 작가!

생각만 해도 가슴이 떨리는 그런 단어이자 동시에 그런 직업이 아닐 수 없다.

그런데 이것보다 더 가슴 떨리는 경우가 있다.
바로 당신이 그런 작가라면 어떨까? 당신이 바로 그런 가슴 떨리게 하는 작가가 실제로 된다면 어떨까?

한 가지 분명한 사실은 작가가 되는 책쓰기는 당신과 당신의 인생을 송두리째 바꾸어 놓을 수 있을 만큼 강력한 힘을 가지고 있다는 사실일 것이다.

이 책의 결론은 책쓰기를 통해서 누구나 인생 혁명이 가능하다는 사실이다.

그리고 이 사실을 필자는 본인의 인생을 통해 경험했고, 체험했다. 그렇기 때문에 당신이 필자의 책을 지금 읽고 있는 것이다.

생각해 보라. 당신의 이름 석 자 뒤에 누구누구 작가님, 누구누구 작가 선생님 이라는 단어들이 붙게 된다면 당신의 기분은 어떨까?

한 가지 잊지 말아야 할 사실은 기분도 기분이지만 더 중요한 사실은 당신의 인생이 한 단계 도약하기 위해 가장 좋은 위치를 선점했다는 것은 확실하다. 왜 일까?

자신의 이름으로 된 책을 출간함으로써 인생이 뒤바뀐 사람들이 실제로 적지 않기 때문이다.

이런 점에서 책을 쓴다는 것은 정말 매력적이고, 마법과 같은 일이다.

최소한 나는 그렇게 생각한다.

하지만 여기서 분명하게 말하고 싶다.

당신의 이름 뒤에 새로운 단어가 붙는다고 해서, 즉 당신의 이름으로 된 책이 이 세상에 출간되었다고 해서 당신의 인생이 한 단계 도약되었다는 것을 저절로 의미하는 것은 절대 아니라는 사실이다.

결론은 한 마디로 자신의 이름으로 된 책이 출간된 것이 당신의 인생이 한 단계 도약했다는 것을 직접적으로 의미하지 않는 다는 것이다.

그렇다면 무엇을 의미하는 것일까?

당신이 책을 쓰기 이전과는 다른 사람으로 성장하게 되었다는 것을 의미한다.

책을 쓰는 과정을 통해 당신의 사고와 의식은 당신이 평생 살아오면서 미처 경험하지 못 했을 정도로 급격하게 그리고 빠르게 도약했다는 것은 분명하다. 그리고 그 사실이 바로 당신에게 새로운 인생의 장을 열어주는 토대가 되고 원동력이 되어 준다는 사실이다.

왜 책을 쓰기 이전과 책을 한 권이라도 쓴 후에 사람이 그렇게 많이 달라지는 것일까?

100권의 책을 읽은 사람은 남이 떠 먹여 주는 영양분이 잔뜩 있는 맛있는 음식을 그저 먹는 것에 불과하다.

하지만 1권의 책을 쓰는 사람은 스스로 그것을 만들어

내는 사람, 즉 무엇인가를 스스로 만들고, 이 세상에 존재하지 않는 것을 스스로 자신의 의식과 사고를 통해 만들어 내는 사람이기 때문이다.

좀 더 간단하게, 그리고 쉽게 말해서

'작가가 된다는 것은 무에서 유를 창조해 낸다는 것'이다.

여기서 당신이라는 사람의 가치가 결정된다.

평생 남들이 만들어 놓은 것을 사용하는 사람이나 평생 남들이 시키는 일만 수동적으로 하는 사람들이 돈을 많이 벌지 못 하고, 높은 사회적 지위를 얻지 못하고, 큰 성공도 하지 못하는 이유는 그 사람이 무에서 유를 창출해 낸 적이 한 번도 없기 때문이다.

어마어마한 아이디어를 생각해 낸 사람이 엄청난 부자가 단기간에 되는 이유는 그 사람이 세상에 유익한 무엇인가를 무에서 창출해 내었기 때문이다.

그런 점에서 작가는 글이라는 도구를 사용하여 무엇인가를 새롭게 만들어 내는 발명가이다.

무에서 유를 창조해 내는 사람들, 이전에는 없던 혁신

적인 스마트폰을 만든 스티브 잡스, 이전에는 없던 해리 포터 이야기를 만들어 낸 조엔 k 롤링, 이전에는 없던 한글을 만든 세종대왕, 이전에는 없던 거북선을 만든 이순신 장군, 이전에는 없던 역사서인 [사기]를 쓴 사마천, 이전에는 없던 병법인 [손자병법]을 쓴 손자, 이전에는 없던 자기계발서를 쓴 나폴레온 힐 등은 모두 무에서 유를 창조해 낸 사람들이다.

당신이 책을 한 권 썼다는 것은 단순하게 글을 쓴 것이 아니라 무엇인가를 만들어 이 세상에 남겼다는 것이다. 그것도 당신의 이름을 걸고 말이다.

그런 점에서 작가가 되는 것은 결국 무엇인가를 세상에 당당히 만들어 보여 주는 것이다. 그렇다면 그 무엇인가의 주체는 누구일까?

바로 당신이다.

작가가 된다는 것은 당신을 이 세상에 당당하게 보여주는 것이다.

소설가는 자신의 생각과 사상과 견해를 소설 속의 인물과 스토리를 통해 이 세상에 보여 주는 것이고, 시인은 시를 통해, 발명가는 발명품을 통해, 무용가는 무용을 통해, 가수는 노래를 통해, 자기계발 작가는 자기계발에 담긴 메시지를 통해 자기 자신을 이 세상에 당당히 보여 주는 것이다.

그런 점에서 작가가 될 수 있는 사람은 결국 모든 사람들이다. 다만 용기와 배짱이 있어야 하고, 자신의 것을 부끄러워하지 않아야 하고, 세상에 당당히 보여 주어야 하고, 그러한 것들을 글을 통해 표현할 수 있는 약간의 기술(!)이 필요할 뿐이다.

김연아를 보라, 김병만을 보라.

책을 한 권이라도 자신의 이름으로 출간한 사람들은 모두 자기 자신만의 스토리, 즉 세상에 자신을 당당히 보여줄만한 그 무엇인가를 가지고 있었던 사람들이다.

하지만 특별히 무엇인가를 기지고 있지 않은 평범한 당신은! 그렇다면 어떻게 해야 하는 것일까?

이 세상에 비범한 사람들이 너무나 차고 넘쳐서, 이제는 평범한 것도 하나의 매력이 되어 버렸다면 얼마나 좋을까? 하지만 아직은 그런 세상이 오지는 않았고, 쉽게 오지 않을 것 같다.

그렇기 때문에 자신을 약간만 비범하게, 아니면 특별하게, 아니면 남과 다르게 만들 필요가 있다.

이외수 작가는 스스로 자신을 남과 다르게 만들었다.

당신이 작가가 되고자 한다면 한 가지만 명심하면 된다.

‘ 당신도 작가가 될 수 있다. ‘ 는 사실이다.

그러나 당신을 먼저 남과 다른 존재 혹은 비범한 존재 혹은 길거리에 널린 누구나 가지고 있는 평범한 스토리가 아닌 누구나 쉽게 만날 수 없는 그런 독특한 스토리를 가지고 있는 존재로 만들어야 한다는 점이다.

그렇다고 성공 스토리나 위대한 업적을 달성해야 하는 것은 아니다. 여기서 중요한 것은 남과 다른 독특한 스토리, 남과 다른 존재라는 점이다. 그래서 엄청난 실패 스토리나 엄청난 시련과 아픔도 또한 좋은 스토리가 될 수 있다는 점을 간과해서는 안 된다.

즉 이 세상에는 누구나 자기만의 스토리를 가지고 있다.

그렇기 때문에 그것을 세상에 당당히 보여 주는 것, 그것이 바로 작가가 되는 것이다.

쌀이 있으면 누구나 밥을 해 먹을 수 있다. 다만 그 과정을 한 번도 본 적도 경험한 적도 없는 사람에게는 그 과정이 정말 어려운 것이 되듯, 당신은 이미 충분히 책 쓸

‘거리 ‘를 가지고 있다.

다만 그것을 책으로 전환시키는 과정을 단 한 번도 경험하거나 해 본 적이 없을 뿐이다. 그래서 작가가 되는 것이 너무나 어려운 것처럼 보일 것이다.

이 책은 바로 그런 당신에게 그 과정이 얼마나 쉽고, 얼마나 간단한 것인지를 알려 주고자 하기 위해서 쓴 책이다. 몇 가지의 심리적 장벽만 뛰어넘는 다면 글을 쓰는 작가만큼 멋진 직업도 없다는 것을 알게 해 주고 싶을 뿐이다.

작가가 되고 싶지만, 도저히 엄두가 나지 않는 사람들에게, 자신의 이름으로 된 책 한 권을 이 세상에 내놓고 싶은 사람들에게 이 책은 요긴하게 쓰일 물건(?)일 것이다.

그뿐만 아니라 책쓰기를 통해 새로운 인생을 살아보고 싶다면 이 책은 책쓰기의 멘토로 삼아 매일 책쓰기를 한다면 반드시 인생을 바꿀 수 있게 될 것이라고 필자는 확신한다.

그러므로 인생을 바꾸는 기적의 책쓰기에 당당히 도전해 보라. 도전하지 않으면 100% 실패하지만, 도전하면 성공 확률이 기하급수적으로 증가하게 된다.

목차

작가는 말하는 사람이 아니라 보여주는 사람이다.
글쓰기는 연출이 아니라 노출이어야 한다.
작가는 누구나 될 수 있다.
진짜 작가는 말하고자 하는 것이 있어야 한다.
문법, 맞춤법, 띄어쓰기의 덫에서 벗어나라.
20년 동안 쓰레기 같은 글을 쓴 대문호.
세련된 글이 아닌 당신의 거친 숨소리를 남겨라.
지식이 아닌 감성으로 작가가 되어야 한다.
책 한 권 쓴다고 인생이 바뀌지 않는다.
작가는 세상 밖에서 사는 외로운 사람이다.
모든 훌륭한 작가들의 초고는 조잡하다.

제3장. 세 번째 멘토링 _ 작가는 유일무이한 존재여야 한다. _ 리마커블하라.

작가는 인생을 두 번 살아가는 사람이다.
작가는 이 시대 최고의 퍼스널 브랜딩이다.
글쓰기는 글쓰기를 통해서만 배울 수 있다.
글쓰기에 대한 부담을 버려라.
몽상가는 꿈을 꾸고 작가는 글을 쓴다.
열정적으로 글을 써야 한다.
작가가 되는 확실하고 유일한 길.
글쓰기를 즐길 수 있어야 한다.

어린아이가 놀이터에서 놀 듯 글을 쓰라.
글쓰기는 논리적, 창조적 사고를 동시에 키워 준다.
글쓰기보다 자신의 마음을 비울 줄 알아야 한다.
세상과 전문가들의 평가를 무시하라.
15년 동안 무명이었던 세계 최고의 베스트셀러 작가.

제2부. 누구나 글쓰기의 재미에 푹 빠질 수 있다.

제4장. 네 번째 멘토링 _ 글을 쓰는 맛과 힘을 느껴라.

마약보다 더 중독성이 강한 글쓰기에 빠져라.
글쓰기가 주는 맛과 힘을 느껴라.
글쓰기를 즐겨라. 그것이 글을 잘 쓰는 비결이다.
생각하지 말고 글쓰기에 빠져라.
문법에 너무 매이면 재미가 없다.
글 쓸 때 전율해야 독자들도 전율을 느낀다.
사고와 학문의 모든 경계를 허물어라.
글쓰기를 게임으로, 놀이로 만들어라.
살아 숨 쉬는 문장을 쓰는 법은 단순하다.
글을 잘 쓰기 위해 집중해야 할 두 가지 사실.

제5장. 다섯 번째 멘토링 _ 모든 글쓰기에는 전략이 있어야 한다.

모든 글에는 전략이 있어야 한다.
순서만 바꾸어도 전혀 다른 문장이 된다.
첫 문장에 반하게 하는 방법.
흥미를 끌 수 있는 한 방이 있어야 한다.
호기심을 먼저 자극하고 빠져들게 하라.
남들과 다르다는 것을 느낄 수 있게 하라.
명확한 메시지가 있어야 한다.
감동과 재미는 서비스로 곁들여라.
제목이 식상하면 아무도 읽지 않는다.
글쓰기는 독자와의 대화이자 소통이다.
글쓰기에는 기술이 필요하다.

제6장. 여섯 번째 멘토링 _ 양이 재능을 이긴다.

우뇌와 좌뇌를 모두 사용하라.
많이 읽어라. 읽은 만큼 그만큼의 작가가 된다.
예술의 신, 뮤즈! 그런 것을 기대하지 마라.
매일 쓰라. 그리고 많이 쓰라. 그것뿐이다.
형식과 틀에 얽매이지 마라.
자기 자신만의 독특한 스토리와 콘텐츠를 만들어라.
창조적이고 미래 지향적인 작가가 되라.
끊임없이 공부해야 더 나은 결과물을 기대할 수 있다.

3주 차 누구에게 왜 쓰는가_ 서문 작성 수업
서문 작성 사례 연구

4주 차 문장을 어떻게 쓸 것인가_ 문장 강화 수업
첫 문장을 쉽게 쓰는 3가지 방법
좋은 문장을 쓰는 5가지 방법

5주 차 어떻게 출판사를 유혹(?)할 것인가_ 출간 기획서 작성 수업
출간기획서 작성 사례 연구

6주 차 본문을 어떻게 쓸 것인가 _ 본문 집필 수업
본문을 잘 쓰는 쉽고 간편한 3가지 방법
칼리지만의 본문 작성법 SECCT 본문 작성법

7주 차 원고 투고 & 출판사와 계약 & 출간하기_ 작가 입문
출판사 계약 이후의 저서 출간 프로세스

“ 몽상가는 꿈을 꾸고 작가는 글을 쓴다. 글쓰기를 꿈꾸는 것은 글을 쓰는 게 아니다. 글쓰기를 생각하는 것도 글을 쓰는 것이 아니다. 멋진 스토리 아이디어를 떠올리고 흥분하거나, 머릿속으로 책을 몇 권씩 구상하거나, 글쓰기에 대한 무수한 책을 읽는 것, 그 어떤 것도 글쓰기 행위가 아니다.” < 로버타 진 브라이언트, [누구나 글을 잘 쓸 수 있다], 27쪽 >

제1부. 당신도 작가가 될 수 있다.

" 작가의 근본문제는 창작 강좌의 공통 주제인 '글쓰기 기교'와는 하등 관련이 없다. 작가가 부딪치는 근본 문제들을 다루지 않는 한 대부분의 사람들에게 창작 강좌는 거의 아무런 도움이 되지 않는다. 작가의 근본 문제는 개인의 문제다. 즉 개인에 따라 첫 출발부터 난항을 겪을 수도 있고, 첫 출발은 호조를 보이다가 그러고 나서 방향을 잃고 헤매거나 낙담하는 경우도 있고, 얼마간은 글을 아주 잘 쓴다 싶으면 어느 정도 시간이 지나면 수준이 형편없이 떨어지기도 한다." < 도러시아 브랜디 [작가 수업], 7 ~ 8쪽 >

제1장. 첫 번째 멘토링 _ 작가가 가진 시크릿과 테크닉 _ 작가의 문제는 개인의 문제다.

“ 몽상가는 꿈을 꾸고, 작가는 글을 쓴다. 시편들, 소설들, 온갖 책들은 모두 아이디어와 상상력과 꿈의 결실이다. 그런데 그 결실을 가능케 하는 것은 오직 행동 - 글쓰기 - 이다. 애오라지 당신만이 말할 수 있는 무수한 이야기가 있다. 그것을 말하라! 정열적으로, 최대한 참되고 즐겁게! 당신은 지금 당장이라도 작가의 삶을 펼칠 수 있다.”

< 로버타 진 브라이언트, >

감성과 창조의 시대, 새로운 작가가 필요하다.

시대가 바뀌고 있다. 어제와 오늘이 다르고, 과거와 현재가 다르고, 당신이 작가가 되어 본격적으로 활동해야 할 내일도 오늘과 다르다.

물이 흘러가듯 시대는 자꾸 흘러간다. 이런 사실을 알아야 할 이유는 무엇일까?

특히 작가가 되고자 하는 사람이나 자신의 이름이로 출간된 책을 한 권이라도 세상에 내 놓고자 하는 계획을 가진 이들은 반드시 명심해야 한다.

그것은 작가라는 직업만큼 시대에 뒤떨어지게 되면 치명적인 직업도 찾아보기 힘들기 때문이다. 반대로 시대에 조금만 앞서가게 되면 너무나 멋진 직업이 될 수 있는 것도 바로 작가라는 직업이다.

그런 점에서 작가는 모두 미래학자가 되어야 한다. 미래를 먼저 내다보고 상상할 수 있어야 독자들의 마음을 사로잡고 소통을 잘할 수 있고, 독자들이 기억하는 작가가 될 수 있기 때문이다.

불과 몇 년 전까지는 산업화 사회를 지나 지식 정보 사회였다. 그래서 지식을 전달하는 사람, 즉 지식과 학식을 많이 가지고 있고, 많은 정보를 가지고 있는 사람은 그것을 전달하기만 하면 작가가 될 수 있었다.

그래서 과거에는 작가가 되는 사람에게 창조성이 필요하지 않았다. 오히려 지식이나 정보가 필요했다. 그래서 많은 학식을 가진 명문대의 석사나 박사들이 책을 쓰는 경우가 적지 않았다. 그리고 그런 책들이 독자들에게 좋은 호응을 이끌어 내기도 했다.

하지만 이제는 시대가 바뀌었다.

이제는 지식과 정보를 가진 이들이 부자가 되고, 작가가 되는 그런 지식 정보 사회가 아니다. 이제는 감성과 예술을 가진 이들이 부자가 되고, 작가가 되는 그런 감성과 창조 사회이다.

[세계적 미래학자 10인이 말하는 미래혁명]이란 책에서 미래학자로 주목받고 있는 제임스 데이토 하와이대 교수는 다음과 같이 미래 사회에 대해 말하고 있는 것을 접할 수 있다.

" 드림소사이어티의 시대에는 전형적인 것보다 엉뚱함이, 기준에 부합하는 것보다 창조성이 필요한 시대다. 창조성을 기르는 교육만이 미래의 선진국으로 가는 원동력이 될 것이다.

미래는 어떻게 설계하고 준비하느냐에 따라 도착점이 바뀔 수 있다. 미래는 정해져 있는 것이 아니라 가능성이기 때문이다. “ < 신지은 외, [세계적 미래학자 10인이 말하는 미래혁명],

165쪽 >

덴마크의 미래학자 랄프옌센(Rolf Jensen)은 여러 매체를 통해 앞으로의 시대는 드림 소사이어티(Dream Society) 시대가 될 것이라고 말한다. 이러한 미래 사회의 가장 큰 특징으로 그가 주목하고 있는 것도 역시 감성과 스토리텔링이다.

그래서 그는 아주 유명한 명언을 말하기도 했다.

“가장 훌륭한 이야기를 가진 전사가 세계를 지배한다.”

이처럼 미래는 드림소사이어티의 시대이고, 그 시대 사람들이 가장 원하는 것은 지식이나 정보가 아니라 꿈과 문화와 감성과 스토리이다. 그리고 그 시대에 가장 각광을 받게 되는 작가는 죽은 지식과 정보를 그저 전달하는 지식 전달자가 아니라 새로운 스토리와 감성을 창조해 내는 감성 창조자이다.

새로운 시대에는 새로운 스타일의 작가가 필요한 법이

다.

당신은 과거의 작가 스타일에서 벗어나, 새로운 유형의 작가가 되어야 하는 이유가 바로 이것이다.

산업화 사회에서는 생산성이 중요하다. 그래서 열심히 일하는 것이 시대가 필요로 하는 특징이었다. 그리고 그 후 지식 정보화 사회가 되었고, 그 시대에는 생산성보다 품질이 중요했다. 그래서 그 시대가 필요로 하는 것은 한 마디로 정확히, 제대로, 잘 하는 것이 중요했다.

그래서 한때 유행했던 말이 있었다.

'열심히 하는 것보다 잘하는 것이 더 중요하다.'

필자가 한창 열심히(?) 회사 생활을 할 때에 이 말이 유행했고, 실제로 이 말은 그 시대의 트렌드를 잘 보여 주었던 말이었다.

그런데 이제는 지식 정보화 사회에서 감성 사회로 변해 가고 있다. 그래서 이 시대에 가장 필요로 하는 특징은 한 마디로 '다르게 하는 것' 즉 '새로운 것을 창조해 내는 것'이다.

앞으로 훌륭한 작가가 될 수 있는 사람은 남과 다르게

할 줄 알고, 새로운 것들을 자꾸 창조해 낼 줄 아는 사람이다.

지식과 감성의 새로운 시대, 새로운 작가가 필요하다. 그래서 당신이 작가가 되어야 하는 것이다.

2006년 조선일보 칼럼에 '책은 정제되고 검증된 지식의 보고' 라는 기사가 나온 적이 있다. 하지만 지금은 2013년이다. 그리고 필자는 '책은 무한한 가능성을 열어주는 상상력과 창조의 보고'라고 말하고 싶다.

1 + 1 = 2 가 아니라고 생각할 줄 알아야 한다.

작가가 되고자 하는 사람들이나 자신의 이름으로 된 책을 한 권이라도 세상에 내놓고 싶은 사람이 있다면 반드시 상상력을 갖추어야 한다.

작가의 가장 중요한 요건 중에 하나를 상상력이라고 하는 사람 중에 한 명이 필자일 것이다.

아인슈타인은 '지식보다 상상력이 더 중요하다' 고 말했다. 상상력의 가치를 이미 오래 전에 인식하고 있었던 점에서 놀라운 사람임에 틀림없다.

자신의 이야기를 에세이로 쓰고 그것을 책으로 출간하고자 하는 사람들이 반드시 명심해야 할 것은 과거의 사실들만 열거해서는 안 된다는 점이다.

생각해 보라. 아래 두 글을 비교 해보라.

' 나는 평범한 직장인이다. 대기업을 11년 동안 다녔고, 지금은 무직자다. 하지만 나는 지금 인생의 계획을 가지고 있고, 새롭게 꿈을 꾸고 있다. 나는 지금 부산에 살고 있고, 일탈을 꿈꾼다. 직장을 다닐 때는 아무것도 몰랐다. 그런데 지나고 나니까 정말 쓸모없는 존재가 되는 것은 한순간이라는 사실을 이제야 알게 되었다. 사는

것이 힘들다. 괴롭다.'

' 어느 날 문득 보니 나는 길가에 뒹구는 나뭇잎 같은 존재였다. 나는 대기업을 다니던 평범한 회사원이었다. …….. 사실을 그대로 말하자면, 그 사건은 ' 외부적 발생 '이라기보다 ' 내면적 자청 '이었다. 낙엽이 지던 어느 가을날 길가에 뒹구는 나뭇잎들을 보고 불현 듯 ' 바람에 뒹구는 쓸쓸한 저 나뭇잎 '이 내 신세와 같다는 생각이 들었다. 아니, 생각만이 아니라 나와 같은 샐러리맨의 미래의 모습이 연상되면서 뇌와 심장에 심한 충격이 왔다. 나 같은 직장인은 회사라는 나무를 통해 영양분을 공급받아 살아가야 하는 낙엽인 것이다.'

< 김병완, [48분 기적의 독서법], 서문에서 >

진짜 있었던 사실들만을 열거하게 되면, 생명이 없는 죽은 글이 될 가능성이 크다. 무엇보다 독자들은 살아서 꿈틀거리는 그런 생명체를 원한다. 생명력이 있는 글, 뭔가가 피어나는 그런 글, 무엇인가를 독자들이 상상할 수 있고, 무엇인가를 느낄 수 있고, 공감을 할 수 있는 그런 재료들을 많이 던져 주는 그런 글을 쓰는 것이 작가여야 한다.

1+1 = 2 라고만 생각하는 사람은 이런 점에서 절대로 작가가 될 수 없다. 이것은 마치 영화 [은교]에서 위대한

시인인 이적요에게 열일곱 소녀 은교가 마지막에 했던 대사의 그 공대생과 같은 사람이다.

“그때 그 순간 공기 온도 습기 그 따뜻함, 아무리 얘기를 해줘도 절대로 느낄 수 없는 게 있잖아요. 할아버지가 얘기를 해줘도 다른 사람이 대신 쓸 수가 없는 거더라고. 공대생이 ... 거울이 다 똑같은 거울인 줄 아는 공대생이 어떻게 알아!”

필자도 역시 공대생이다. 하지만 공대생이라고 해서 다 그렇다고 하는 것은 심한 일반화의 오류인 듯하다. 어쨌든 본론으로 다시 돌아오자.

1+1 = 2 라고만 생각하는 사람, 거울이 다 똑같은 거울이라고 생각하는 사람, 누구나 인생은 다 똑같다고 생각하는 사람은 모두 획일화되어 있다는 공통점을 가지고 있다.

‘이 세상은 남자와 여자로 구성되어 있고, 하루는 낮과 밤으로 되어 있고, 하루는 24시간이다.’라고 생각하는 사람은 절대 작가가 될 수 없다. 이 세상은 말 할 수 없는 엄청난 것들, 엄청난 환희와 열정과 짜릿함과 감동과 슬픔과 울부짖음과 전율과 기쁨과 아픔과 분노와 애처로움과 눈부심과 처량함과 무지개와 오아시스와 바다와 애정과 가슴 떨림과 아름다움과 첫사랑으로 이루어져 있다고 말할 줄 알아야 한다는 것이다.

작가가 되기 위해서는 다양함, 엉뚱함, 기발함, 특이함 등과 같은 것들이 모두 필요하다. 여기에 인생의 모든 것을 담아 낼 줄 알아야 한다. 세익스피어의 작품이 갈수록 인정받는 것은 인생의 모든 고통과 아픔, 배신과 분노, 절망과 좌절이 그의 작품에 다 녹아들어 있기 때문일 것이다.

1+1 = 2가 아니라 100도 될 수 있고, 인류가 될 수 있고, 수 천 마리의 나비가 될 수도 있고, 가슴 떨리는 꿈이 될 수도 있고, 우주로 날아가는 우주선이 될 수도 있고, 당신의 첫 사랑이 될 수도 있고, 이 나라의 애국자가 될 수도 있고, 물론 매국노가 될 수도 있고, 당신이 꿈에 그리던 당신의 첫 집이 될 수도 있고, 당신의 스승이 될 수도 있고, 친구가 될 수도 있다.

그 무엇도 될 수 있는 가능성을 볼 수 있어야 하는 것이 작가인 것이다. 물론 더 중요한 사실은 2도 될 수 있다는 사실을 알면서도 아니라고 생각할 줄 알아야 한다는 것이다. 그래서 작가가 된다는 것이 누군가에는 쉬우면서도 누군가에게는 절대로 할 수 없는 불가능한 것이 되는 것이다.

그래서 작가가 되어 산다는 것이 어떨 때에는 구름 위를 걸어 다니는 것처럼 환희와 눈부심으로 가득 차기도 하지만 어떨 때에는 한 줄기 빛조차 붙잡을 수 없는 흑암에서 헤매기도 하는 것이다. 낮과 밤이 공존하듯 작가의 세계는 그런 세계인 것이다.

작가는 자신을 스스로 존경할 줄 알아야 한다.

모든 사람들에게 해당되는 말 줄에 하나는 스스로 자신을 존경할 줄 알아야 한다는 말일 것이다.

니체의 이 말처럼 말이다.

“ 자신을 대단치 않은 인간이라 폄하해서는 안 된다. 그 같은 생각은 자신의 행동과 사고를 옭아매려 들기 때문이다. 오히려 맨 먼저 자신을 존경하는 것부터 시작하라. 아직 아무것도 하지 않은 자신을, 아직 아무런 실적도 이루지 못한 자신을 인간으로서 존경하는 것이다. 자신을 존경하면 악한 일은 결코 행하지 않는다. 인간으로서 손가락질당할 행동 따윈 하지 않게 된다. 그렇게 자신의 삶을 변화시키고 이상에 차츰 다가가다 보면, 어느 사이엔가 타인의 본보기가 되는 인간으로 완성되어 간다. 그리고 그것은 자신의 가능성을 활짝 열어 꿈을 이루는데 필요한 능력이 된다. 자신의 인생을 완성시키기 위해 가장 먼저 스스로를 존경하라.” < 시라토니 하루히코, [니체의 말], 21쪽 >

하지만 그 누구보다도 더 자신의 인생을 완성시키기 위해 가장 먼저 해야 할 것이 스스로를 존경하는 것이라는 사실에 대해 자각하고 그것을 실천해야 할 사람이 있다. 바로 작가가 되고자 하는 당신이다.

작가란 직업은 그전 단순한 직업이 아니라는 사실을 깨닫게 되었다. 작가는 많은 이들에게 아주 무서운 영향을 끼칠 수 있는 그런 직업이다. 그래서 이 세상의 직업을 두 가지로 크게 나눌 수 있다면, 첫 번째는 그저 생계를 위해, 먹고 살기 위해 일을 하고 타인에게 영향을 거의 직접적으로 미치지 않는 직업과 생계를 위해, 먹고 살기 위해 일을 하지만 그 일의 결과물이 타인에게 직접적인 영향을 주는 직업으로 나눌 수 있다는 사실을 알게 되었다.

그런데 작가는 후자이다. 그것도 엄청난 영향력과 파급력을 가지고 있다. 그래서 작가들이 자신의 인생을 완성하시 못할 경우 그 작가가 속한 그 사회에는 부정적인 영향을 줄 수밖에 없다는 사실을 알게 되었다.

작가는 다른 사람들에게 지식이나 정보를 나누어 주기 위해 글을 쓰는 사람이 아니다. 다시 말해 작가는 학원 강사나 교사가 아니라는 말이다.

학원 강사들은 자신이 가지고 있는 지식이나 공부하는 노하우와 기술을 학생들에게 전수해 주는 사람이다. 하지만 교사는 학원 강사보다는 좀 더 인간적이고 통합적인 교육을 실천하는 사람들이다.

학원 강사와 교사가 분명하게 다른 것처럼, 다른 직업들과 작가라는 직업은 엄청난 간극이 존재한다.

작가는 자신의 인생을 다른 사람들에게 나누어 주고, 자신이 누구인지 세상에 보여 주는 사람이다. 하지만 그것이 전부가 아니다. 쇼핑몰의 쇼 윈도우에 서 있는 마네킹도 역시 보여 준다는 점에서 작가와 같다. 하지만 전자는 타인의 삶을 바꾸어 놓을 수 있고, 후자는 그저 타인의 외모만 바꾸어 놓을 수 있다는 점에서 차이가 있다고 할 수 있다.

다른 직업들은 당신이 가진 휴대폰의 질을 바꾸어 놓고, 당신이 사용하고 먹는 것들의 질과 종류를 바꾸어 놓을 수 있다. 하지만 작가는 당신 자체를 바꾸어 놓을 수 있는 그런 무서운 직업이라는 점을 자각해야 한다.

그런 점에서 작가는 먼저 자신의 인생을 완성하기 위해 노력해야 하는 사람이며, 그 방법이 바로 스스로를 존경해야 하는 것이다.

작가가 된다는 것은 인생 최고의 도전이다.

" 글을 쓰는 동안 우리는 등을 펼 수 없고, 펜을 놓은 다음에야 등을 편다. 글쓰기가 우리에게 가르치는 것은 우리에게는 진실을 말할 신성한 임무가 있으며, 그 임무는 종이에서부터 걸어 나와 우리의 인생 전체로 들어가는 것이다. 반드시! 그렇지 못하다면 작가로서의 우리와, 일상생활을 살아가는 우리 사이의 간극은 너무나도 넓어진다. 이런 이유로, 인생이 무엇인지 그리고 글을 쓰는 인생이 어떤 것인지 배우는 것은 그 자체로 하나의 큰 도전이다. 그 도전을 받아들이라." < 나탈리 골드버그, [뼛속까지 내려가서 써라], 214 ~ 215쪽 >

작가가 된다는 것은 그 자체로 하나의 큰 도전일 뿐만 아니라 당신의 인생을 완전히 뒤바꿔어 놓을 만큼 엄청난 일이다. 그렇기 때문에 인생 최고의 도전이라고 할 수 있다.

왜! 인생 최고의 도전을 해야 하는 것일까?

왜! 그것도 위험한 도전을 해야 하는 것일까?

책을 쓰는 작가가 된다는 것은 자신을 세상에 발가벗겨서 내놓은 일이기에 매우 위험하다. 하지만 그럼에도 그런 위험을 무릅쓰고 도전해야 하는 이유는 무엇일까? 그렇다. 당신이 그것을 미칠 만큼 좋아하기 때문이다. 그리고 두 번째 이유는 도전하지 않으면 아무것도 달라지는 것이 없기 때문이다.

“ 모든 것의 시작은 위험하다. 그러나 무엇을 막론하고, 시작하지 않으면 아무것도 시작되지 않는다.”

프리드리히 니체의 이 말을 나는 좋아한다. 이 말을 기억하자. 망설여질 때 다른 누군가는 이미 글을 쓰고 자신의 이름으로 된 책을 세상에 당당히 내 놓고 있다는 사실도 기억하자.

삶의 가장 큰 의미는 도전도 하지 않고, 그럴 용기도 없다면 절대로 발견 할 수 없는 것임을 알게 되었다.

“ 우리에게 뭔가 시도할 용기가 없다면 삶이 도대체 무슨 의미가 있다는 말인가?”

중년에 안정적인 직장을 과감하게 포기하고 화가의 인생을 용기 있게 시작한 화가도 있고, 세상이 요구하는 삶을 과감하게 거부하고 살아간 화가도 있다. 바로 빈센트 반 고흐이다. 그리고 그의 이 말처럼 당신이 뭔가 시도할 용기를 가지고 있지 않다면 당신에게 삶은 아무 의미가 없어지게 될지도 모를 일이다.

시도하고 도전할 용기조차 없다면 아무것도 이루어지지 않는 다. 아무것도 기대할 수 없는 인생에 그 어떤 의미를 당신은 스스로 부여할 수 있을 것인가?

[마흔 살의 철학]이란 책을 통해 일본의 작가인 가와기타 요시노리는 우리에게 이런 말을 해 주었다.

'아직 이루지 못한 것이 남아 있다는 것, 아직 삶에 채워 넣어야 할 것이 존재한다는 건 스트레스가 아니라 축복이다. 정리해고를 당했다고 절망할 필요도 없고, 아직 성공하지 못했다고 해서 우울해할 이유도 없다. 성공하는 인생은 좋은 직업이나 돈으로 이루어져 있지 않다. 세상에는 부자도 많지만, 가난해도 행복하게 사는 사람들도 많다. 중요한 건 살아야 할 이유와 보람이다. 자신이 살아야 할 이유와 보람을 찾는 일에 노력하는 사람은 늙지 않는다. 늙을 시간이 없다.' _ 가와기타 요시노리, [마흔 살의 철학]

당신은 아직 이루지 못한 것이 남아 있다. 당신의 이름으로 된 책을 출간하는 것, 작가로서의 삶을 사는 것, 세상에 당신이란 존재를 알리고 당당히 보여주는 것, 등을 해야 한다. 즉 아직도 당신은 당신의 삶에 채워 넣어야 할 것이 존재하는 미완의 존재이다.

그러므로 도전해야 한다. 그리고 그러한 도전이 당신에게는 살아야 할 또 다른 이유가 되고 살아가는 보람이 되어 줄 것이다.

작가는 태어나는 것이 아니라 만들어 지는 것이다.

'작가는 태어나는 것이 아니다. 스스로 만들어 나가는 것이다. 결국 작가는 만들어지는 것이다.'

이 말을 명심하자. 당신이 지금까지 작가가 되지 못 한 단 한 가지 이유는 능력이 없어서도 아니고 시간이 없어서도 아니다. 단 한 가지 이유는 당신이 결단하지 않았기 때문이고, 시작하지 않았기 때문이다. 그 결과 스스로 자기 자신을 작가로 만들지 않았을 뿐이다.

작가는 능력이 뛰어난 사람만이 하는 것이 절대 아니며, 시간이 많은 사람들만이 할 수 있는 그런 시간과의 싸움도 아니다.

작가는 바로 자기 자신과의 싸움이며, 그 싸움에서 이겨낸 사람만이 작가가 될 수 있다.

바로 이런 이유 때문에 작가는 자신과 싸움을 해야 하는 존재인 것이다.

[예술가여 무엇이 두려운가]라는 책에 보면 자신과의 싸움에 대해서 승리하는 비법에 대해 힌트를 얻을 수 있는 문장을 읽을 수 있다.

“ 만일 마음속으로 넌 화가가 아냐, 라고 말하고 있다면 모든 수단을 다해서 그림을 그려라, 그러면 그 소리는 잠잠해 질 것이며, 오직 작업을 통해서만 그렇게 될 것이다.”

결국 작가로 산다는 것은 예술가로 산다는 것이며 그것은 두려움과 마주하는 것이다.

이제 분명한 사실 하나는 자기 자신을 작가로 만들기 위해서는 두려움과 마주해야하고 두려움과 싸워야 하고 이겨내야 한다는 사실이다.

어떤 두려움일까?

한 마디로 자신이 쓴 작품이 가치가 있을까? 타인이 그것을 좋아해 줄 것인가? 혹평을 받게 되는 섯은 아닌가? 즉 한 마디로 실패할 것인가에 대한 두려움일 것이다. 하지만 걱정하지 않아도 되는 이유가 있다.

그런 두려움은 예술가라면 누구나 가지고 있는 것이 정상이라는 점이다.

“ 자신의 작품이 실패할 것이라는 두려움은 예술 작업 주기에서 반복되는 정상적이며 건강한 일반현상이다. 그런데 새로운 구상에 집중하여 작품을 시작해 진행해 나가다 보면 어느새 초심은 사그라져 버리고, 결국에는 계속해 나갈 가치가 없다는 결론에 이르기 마련이다. 이때를 가리켜 글 쓰는 작가들은 ” 펜이 말랐다 “라는 표현을 쓰곤 한다.” < 데이비드 베일즈, [예술가여 무엇이 두려운가], 29쪽 >

작가가 되고자 하는 그대여!

무엇이 두려운가? 당당히 두려움에 맞서고 그것을 마주하라. 그리고 전진해 나가라. 당신의 이름으로 된 책이 세상에 나올 때 까지, 진정 자신이 쓰고 싶은 것들을 다 써 낼 때 까지 멈추지 말고 도전하라.

자신의 작품이 실패할 것이라는 두려움 때문에 자신의 작품을 쓰레기 통 속에 처박고 두려움에 굴복한 사람이 있다. 그런데 그 사람이 바로 지금 세계 최고의 베스트셀러 작가인 스티븐 킹이라면 과연 믿을 수 있겠는가?

그의 작품은 지금까지 전 세계 35개국에 출간되었고, 총 3억 부 이상이 팔렸다. 현재 지구상에 생존해 있는 작가 가운데 단연 1등이다. 그런데 그런 작가조차도 처음에는 글을 써서 얻는 수익이 극히 적었기 때문에 건물 경비원을 하고, 세탁 공장 노동자로 살았던 적이 있다는 사실을 명심하라.

두려움은 누구에게나 발생하는 것이다. 문제는 그 두려움을 어떻게 극복하며 굴복하지 않고 당당히 마주할 수 있는가 하는 것이다.

작가가 되는 길은 저절로 되는 것이 아니라 지독한 노력을 통해 만들어야 하는 것이다. [내 영혼을 위한 닭고기 수프]라는 책의 원고는 출간해 줄 출판사와 계약이 이루어지기 전에 무려 130개의 출판사로부터 거절을 받은 그런 엄청난 원고였다.

생각해 보라. 당신이 쓴 어떤 원고에 대해 130개나 되는 너무 많은 출판사들이 한 목소리로 '당신의 원고는 아쉽게도 출간될 만한 가치가 있는 원고가 아닙니다.' 라는 평가를 한다면, 당신은 어떻게 할 것인가?

만약에 그렇다고 해도 절대로 그 원고를 포기하지 마라.

왜냐하면 그 원고 전 세계 39개 언어로 번역 출간되며, 총 8백만 권이라 팔려 나가는 초베스트셀러가 될 수도 있기 때문이다. 명심하자. 작가는 저절로 태어나는 것이 아니라 만들어지는 것이다. 치열하게, 지독하게, 남과 다르게 만들어야 잘 만들 수 있다. 세상에는 공짜 점심이란 없다. 노력한 만큼, 도전한 만큼, 실패한 만큼 잘 만들 수 있다.

당신에겐 이미 책 쓸 능력이 넘쳐난다.

책을 쓰고자 하는 당신이 명심해야 할 것들 중에 하나는 이미 당신은 너무 많은 것을 가지고 있고, 경험을 한 사람이라는 점이다. 그리고 그러한 것들은 이미 당신은 책을 쓸 능력과 경험을 충분히 가지고 있는 존재라는 점을 잘 말해주고 있는 사실이다.

당신에겐 이미 책 쓸 '거리'가 무궁무진하고, 책 쓸 '능력'이 차고 넘친다. 문제는 우직하게, 미련하게, 소처럼 뚜벅뚜벅 그 길을 가야 한다는 것이다.

당신에게 필요한 것은 바로 스티브 잡스가 스탠포드 대학교에서 졸업식 축사로 했던 헝그리 정신이다.

" 미련하게 당신의 길을 가라
모든 점들이 하나로 연결된다는 것을 믿어야 한다.
무엇인가 그것이 당신의 육감이든 운명이든 인생 그 자체이든 혹은 업이든 믿어야만 한다.
늘 배고프고 미련한 상태를 유지하라."

당신에게 헝그리 정신이 필요한 이유는 단 한 가지다. 그런 최악의 상황이 되어야만 책을 쓰기 시작하기 때문이다. 이미 능력은 충분하기 때문이다.

조엔 k 롤링도, 세익스피어도, 빅터 프랭클도 내가 기억하기에는 모두 절박한 생활고와 상황 때문에 돌파구로 선택한 것이 글을 쓰고 책을 출간하는 것이었다.

조엔 k 롤링은 생활고로 당장 오늘 먹을 것이 큰 걱정이었던 그런 최악의 상황에 직면했다. 심지어는 아기에게 사 먹일 분유조차 살 수 없는 그런 상황이었다. 그런 상황에서도 조엔은 글 쓰는 것을 멈추지 않았고, 글을 쓰기 시작했다.

집 근처에서 아이를 돌보다가 아이가 잠들면 근처의 카페에 들어가서 한 구석에서 힘겹게 글을 쓰고 또 썼던 것이다. 그렇게 최악의 상황에서 마감한 원고를 여러 출판사에 투고를 하지만 반응은 차가웠다. 거절만 당했기 때문이다. 심지어 그녀는 이런 말도 들었다.

" 조앤, 돈을 벌려면, 아이들이나 읽을 책은 쓰지 마세요."

저작권 대리인 배리 커닝엄의 말이었다.

그녀가 이 때 자신에게 능력이 없다고 생각했다면 어떻게 되었을 까? 혹시라도 이 때 그녀가 포기를 하고 더 이상 출판사에 원고를 투고 하지 않았다면 어떻게 되었을까?

다행히 그녀는 포기를 하지 않았다. 또 다시 다른 출판사에 원고를 투고했다. 그리고 또 거절을 당했다. 그녀는 한 번도 책을 출간해 본 경험이 없는 자였고, 당연히 무명이었기 때문이다. 특히 출판사는 작가에 대해 신뢰할 수 없었을 것이다.

어떤 출판사가 도대체 무엇을 믿고 무명이고 이혼녀이고 생활고에 시달리는 그런 여자의 책을 출간하겠는가?

그녀는 세상과 당당히 싸우고 포기 하지 않았다. 결국 12군데나 되는 출판사로부터 거절당했다. 언제나 공상과 이야기하기를 좋아했던 소녀는 하지만 자신의 꿈을 이루었다.

셰익스피어가 글을 쓴 것은 생활고로 허덕이던 최악이 상황에서 돌파구를 찾고자 했기 때문이라는 사실을 아는가? 자기 자신에게 '글을 쓸 능력이 있을 까?' 에 대한 의문을 던지는 것조차 사치일 수 있는 그런 최악의 상황에서 그는 글을 쓰고 살아남아야만 했던 것이다.

그러한 절박함 속에서 천재는 탄생하게 되는 것이다.

기억하라. '천재는 재능이 아니라 절망적인 처지 속에

서 만들어지는 돌파구이다.' 라고 말한 장 폴 샤르트르의 말을 기억하는 것이 유익할지도 모르기 때문이다.

재능은 사실상 누구에게나 이미 존재한다. 다만 훈련과 연습을 통해 그것을 진짜 자기의 것으로 발전시키는 사람만이 진짜 재능을 활용할 수 있게 된다. 그렇기 때문에 '10년의 법칙' '1만 시간의 법칙' 이 존재하는 것이다.

[핑]의 작가인 스튜어트 에이버리 골드는 이렇게 말했다.

" 재능은 누구에게나 태어나면서부터 자연스레 주어지는 것이지만, 그것이 진정한 기술이 되려면 반드시 훈련이 필요하다." < 스튜어트 에이러비 골드, [핑], 111쪽 >

작가인 사람과 당신의 차이는 재능의 차이가 아니라 훈련의 차이일 뿐이다. 그러므로 지금부터 쓰면서 훈련을 해야 한다. 훈련이 어느 정도 축적이 되면 물통에 물이 다 차면 저절로 흘러넘치듯 글을 쓸 수 있는 작가의 기술을 갖추게 된다.

" 시를 쓰고자 하는 사람이 자신의 문학적 재능에 대해 회의하거나 한탄할 필요는 전혀 없다. 그것은 자신의 게으름을 인정하는 행위와 같다. 시인으로서 타고난 재능에 기대어 시를 기다리지 말라. 재능이 없다고 펜을 내려놓고 한숨을 쉬지도 마라. 그렇게 하면 시는 절대로 운명의 조타수가 되어주지 않는다." < 임정섭, [글쓰기 어떻게 할 것인가], 92쪽 >

안도현 시인의 이 말처럼 시인조차도 타고난 재능에 기대어 시를 기다려서는 안 되듯, 글을 쓰는 작가는 자신의 재능에 기대지 말고, 펜을 절대 내려놓지 않아야 한다. 충분한 연습과 훈련을 한다면 누구나 작가가 될 수 있는 재능은 충분히 가지고 있다.

죽어도 좋을 만큼 좋아합니까?

" 1861년 6월 30일 아치 8시 30분, 창문 너머로 비쳐 드는 아침 햇살을 받으며 나는 [레 미제라블]을 끝냈다네, 이제는 죽어도 좋아."

[레 미제라블]을 16년 만에 완성한 빅토르 위고가 이 소설을 다 쓴 후 입에서 내 뱉은 말이다.

당신은 어떤가? 죽어도 좋을 만큼 뭔가를 하는 것을 좋아하는 것이 있는가? 당신이 이 책을 읽는 이유는 작가가 되고 싶은 마음이 조금이라도 있거나 작가가 되는 것에 대해 그 어떤 호기심이 있기 때문일 것이다.

그렇다면 그런 당신을 글을 쓰는 것을 얼마나 좋아하는가? 죽을 만큼 좋아하는 가?

그렇다면 작가가 되어야 한다. 반드시 말이다.

하지만 글을 쓰는 것을 그만큼 좋아하지는 않지만, 작가가 되고 싶은 마음을 미칠 것만큼 많은가?

그렇다면 당신도 작가가 되어야 한다. 미칠 만큼 좋아하는 것을 하고, 그것이 되는 사람만큼 행복한 사람이 없기 때문에 당신은 행복을 위해서라도 작가가 되어야 한다.

한 마디로 이 책을 읽는 독자들은 모두 글을 쓰는 것이나 작가가 되는 것을 죽어도 좋을 만큼 좋아하는 독자들이라는 것이 필자의 결론이다. 아닌가?

아니라면 책을 덮어라. 시간 낭비일 뿐, 당신은 절대 작가가 될 수 없다.

맞는다면 책을 끝까지 읽어라. 왜냐하면 당신은 이 책을 통해 최소한 작가가 될 수 있는 확률이 엄청나게 높아질 것이기 때문이다.

이 책은 평범했던 중년의 남성이 3년 동안 독서를 통해 책만 읽다가 갑자기 작가가 되어 버린 그 과정에서 일어난 의식의 변화와 그 때 느꼈던 생각들, 그리고 지금 작가가 되어 살면서 작가로서 정말로, 정말로 작가 지망생들에게 해 주고 싶은 말들을 거침없이, 아낌없이 해 놓은 책이다.

그래서 미리 말 해 놓고 싶은 것은 지극히 주관적이라는 점이다. 남의 생각이나 글쓰기 교과서와 같은 책들은 세상에 이미 널려 있다. 그런 책들을 원한다면 이 책을 덮어라.

다만 이 책은 이 세상에 그 어떤 대단한 사람이 써 놓은 대단한 그런 글쓰기 책이 아니라 평범한 사람이, 글쓰기 공부를 한 번도 배우지도 않은 평범한 사람이 창조적 글쓰기를 통해 인생을 역전하는 과정에서 깨닫게 된 것들을 담았다.

그렇기 때문에 이 책과 같은 책은 진짜 찾아보기 힘들 것이다.

아무것도 배운 적이 없었고, 화려한 학벌이나 배경도 없었던 무직자가 글을 쓰는 작가가 되었고, 그가 출간한 책들 중에 어떤 책은 2012년 국립 도서관에서 가장 많이 빌려서 읽은 책들 TOP 10 안에 들었고, 그가 출간한 책들 중에 어떤 책은 박근혜를 주제로 한 수 백 종의 책들 중에서 유일하게 중국 1위 인민 출판사에서 초판 만부를 찍으면서 번역 출간된 영광의 책이 되었고, 그가 출간한 어떤 책은 일본에서도 번역 출간되었다.

과연 어떻게 해서 기적과 같은 일들이 벌어진 것일까? 그 비밀을 이 책에서 밝히고자 한다. 그런 점에서 이 책은 다른 글쓰기 책과 다르다. 그래서 절대로 식상하지 않고, 오히려 쇼킹하다. 당신의 의식을, 글쓰기에 대한 고정관념을 완전하게 깨뜨려 줄 것이다.

필자가 이 책에서 밝히는 생각들은 필자의 주관적인 생각일 뿐, 그 어떤 논리도, 그 어떤 근거도 없다. 다만 필자는 이렇게 생각했고, 그러한 생각과 의식을 따라 행동한 결과 지금처럼 1년 6개월도 채 안 되어 삼십 권의 책을 출간하는 다작가가 되었고, 그 책들 중에 어떤 책들은 높은 평가를 받고 있다는 것이다.

이 책은 필자 나름대로의 글쓰기가 무엇이며, 작가가 무엇인지에 대한 독특한 관점에서 시작되고, 단순히 글쓰기를 잘 하는 테크닉이나 기교 같은 것에 대한 이야기가 아니라 진정한 작가란 무엇인지에 대한 개인적인 철학에 대한 책이다.

글쓰기를 잘 할 수 있게 해 주는 글쓰기 책들은 이미 세상에 널려 있다. 그렇기 때문에 이미 널려 있는 그런 책들을 찾는 독자들은 여기서 덮어야 한다.

베스트셀러의 함정에서 벗어나라.

작가 지망생들과 평범한 삶을 살아오다가 인생의 중반과 후반에 책을 쓰는 작가가 되고자 하는 사람들이 가장 조심해야 할 것은 덫이다. 세상이 만들어 놓은 덫 말이다.

그런 덫이 한 두 가지가 아니라는 점은 매우 조심해야 할 점이다. 특히 작가가 되고자 하는 사람, 그리고 작가가 이미 되었지만 계속해서 글을 쓰는 작가로 살아가고자 하는 사람들은 모두 조심해야 한다.

그런 덫에 빠져 들게 되면, 그 순간 더 이상 글을 써 낼 재간이 없어지게 되기 때문에 당신도, 나도 정말 정말 조심해야 한다.

필자가 생각하기에 그런 덫 중에 하나가 바로 '베스트셀러 작가라는 덫'이다.

당신이 작가가 되고자 한다면 베스트 셀러 작가가 되겠다는 꿈이나 허상을 버려야 한다. 작가가 된 것으로 당신은 이미 모든 것을 이루었다.

당신이 정말 미칠 정도로 좋아하고, 죽어도 좋을 만큼 좋아했고, 되고 싶었던 것은 당신의 이름으로 출간된 책,

즉 당신이 작가가 되는 것이지, 베스트셀러 작가가 되는 것은 절대 아니라는 점이다.

베스트 셀러 작가가 되는 것은 단지 결과물이고 부산물이지, 절대 목표가 되어서는 안 된다는 점을 강조하고 싶다.

작가가 되는 것은 목표가 될 수 있고, 되어도 그 어떤 함정이나 덫이 아니지만, 베스트 셀러 작가가 되겠다고 생각하는 순간 당신은 덫에 걸리고 만다.

그런 점에서 당신이 작가가 되고 싶다면, 그리고 오래 작가로서 살아가고 싶다면 베스트 셀러 작가가 되겠다는 마음을 가져서는 안 된다.

베스트 셀러라는 것은 그 시대 사람들이 좋아하는 책이라는 것이다. 그 이상도 그 이하의 의미도 없다는 것을 명심하라.

당신이 미칠 정도로 작가가 되고 싶은 이유가 고작 그 시대 사람들이 당신의 책을 좋아해 주기를 바라기 때문인가?

그렇다면 작가가 되지 않는 것이 좋다. 이런 생각에 사로 잡혀서 작가가 된 사람들의 삶은 고달프고 힘들고 불쌍하고 불행할 수밖에 없을 것이기 때문이다.

당신이 미칠 정도로 작가가 되는 것을 좋아하고, 작가가 되려고 하는 이유는 타인에게 있지 않다. 바로 당신 자신에게 있다. 당신이 그것을 미칠 정도로 좋아하기 때문이다.

그렇다면 당신이 작가가 되었다면, 더 이상 무엇을 바라는가? 절대로 욕심을 내지 말라.

그것은 절대로 과욕이다. 과욕이 생기면 당신은 작가가 되지 못 한다.

셰익스피어도 그 당시 인기 있는 베스트 셀러 작가는 아니었다. 그 당시에는 우리가 잘 알지 못 하는 그 누군가가 셰익스피어보다 훨씬 더 인기가 많았다. 인기는 인기일 뿐이다.

뿐만 아니라 필자가 작가로 생활하면서 많은 책을 출간해 보고 그 책들의 성과들을 스스로 고찰 해 보면서 느낀 점 중에 하나는 '베스트 셀러는 결국 그 책만의 그 무엇인가를 말하는 것이 아니라 출판사의 치밀한 노력과 축적된 역량에 의해 어느 정도 결정 되는 대중적인 상품이며 비즈니스의 결과물이다' 라는 점이다.

작가의 본연의 임무는 자기 자신을 세상에 당당히 내 보여 주는 것이다. 출판사의 임무는 좋은 책을 만들어 세상에 내 놓는 것이다. 여기서 작가와 출판사는 약간의 공동 목표가 생기지만 동시에 갈등이 생긴다.

출판사는 독자들에게 많이 읽힐 수 있고 팔릴 수 있는 책을 만들고 싶어 한다. 출판사의 생존이 걸린 문제이기 때문이다. 즉 출판사는 상품성이 있는 원고, 상품성이 있는 책을 출간하기를 원한다.

하지만 작가는 자신의 삶이 상품이 되기 위해 책을 쓴 것은 아니다. 순수한 동기가 있을 수 있고, 전혀 다른 인생을 살고 싶어서 일수도 있고, 자신의 삶을 세상과 나누고 소통하고 싶어서 일수도 있다.

공동 작업으로 책을 출간하는 작가와 출판사가 지향하는 목표가 현실적으로 분명하게 간극이 존재하고 있음을 알아야 한다.

결론은 베스트셀러가 안 된다는 것이 결코 부끄러운 일이 아니라는 것이다. 베스트셀러가 되기 위해서는 좋은 글(/)을 써야 하고, 좋은 출판사(?)를 만나야 하고, 좋은 타이밍을 만나야 하고, 좋은 타이틀을 지어야 하고, 좋은 마케팅을 해야 한다.

베스트셀러가 안 되었다고 당신의 책이 형편없는 책이라는 것을 의미하는 것은 절대 아니라는 사실을 명심해 주었으면 좋겠다.

별로 팔리지도 않고 읽히지도 않던 똑같은 책이라도 제목을 잘 짓거나 타이밍을 잘 맞추면 베스트셀러가 될 수 있기 때문이다.

[칭찬은 고래도 춤추게 한다] 라는 켄 블랜차드의 책이 처음에는 [칭찬의 힘(You Excellent)]이라는 책 제목으로 출간이 되었다. 그런데 2만 부 정도 밖에 팔리지 않았다. 출판사는 고심한 끝에 책 제목을 [칭찬은 고래도 춤추게 한다]로 바꾸어 재출간했다.

물론 내용은 글자 한 자도 바꾸지 않았다. 그 결과는 놀라웠다. 단지 책 제목만 바꾸었는데 2만부의 열 배인 20만부가 팔려나가면서 단숨에 베스트셀러가 되어버렸던 것이다.

제목이 마술을 부리기라도 한 것일까?

이와 비슷한 사례 중에 하나가 타이밍이다. 똑같은 책인데도 [아주 특별한 즐거움]이라는 제목으로 1997년 출간되었을 때는 별로 팔리지 않았지만, [아티스트웨이]라는 이름으로 제목을 바꾸어 2003년에 출간했을 때는 베스트셀러가 되었다.

베스트셀러가 되어야 한다는 강박관념에서 벗어나야 한다. 베스트셀러는 여러 가지 이유로 단지 많이 팔린 책이라는 것을 의미할 뿐이다. 그 이상도 그 이하도 아니다. 그 이상 더 큰 의미를 부여하지도 말아야 한다.

자신의 책이 많이 팔렸다고 자신이 마치 대작가가 된 듯한 착각을 하게 되면 인간의 마음에는 교만과 자만이라는 것들이 스멀스멀 기어 들어와서 당신을 나태하게 만들고 망치게 만든다. 결국 치열하게 더 많이 노력하지 않게 되고, 그 결과 작가의 본연의 일인 글쓰기의 재미와 즐거움에 오롯이 빠져 들지 못 하게 되고, 성공이라는 허영심에 빠져 허덕이게 된다.

반대로 자신의 책이 너무 적게 팔렸다고 자기 자신에게 작가로서의 소질이나 재능이 전혀 없다고 자신을 질책해서는 안 된다. 사람들이 당신의 책을 읽지 않았다고 해서 당신이 작가로서 능력이 없다는 것을 말하는 것은 아니다.

세계적인 베스트셀러 작가인 세스 고딘 역시 많은 책을 썼다. 하지만 그 책들이 모두 잘 팔린 것은 절대 아니다. 오히려 실패(?)한 작품들이 더 많았다는 사실을 명심하자.

이러한 사실은 [린치핀]을 읽어 보면 알 수 있다.

" 나는 책을 100권 이상 만들어냈다. 물론 모든 책이 잘나가지는 않았다. 하지만 그 책들을 쓰지 않았다면 나는 이 책을 쓸 기회를 갖지 못했을 것이다. 피카소는 1,000점 이상의 그림을 그렸다. 그러기에 사람들은 피카소의 그림을 3개 이상 알고 있다. 앞으로 이야기하겠지만, 우리 사회에서 가장 부족한 것은 생산하고자 하는 본능이다. 해법을 창조하면 문밖으로 내보내야 한다. 안으로는 인간적인 면을 감농시켜야 하고 바깥으로는 사람들의 관계를 맺어주어야 한다."

(세스 고딘, 《린치핀》, 21세기북스, pp.153~154)

베스트셀러의 함정에서 벗어나는 것, 즉 그것에 절대 연연해하지 않을 수 있을 때 더 건강한 작가 생활을 할 수 있다.

필력이라는 함정에서 벗어나라.

작가지망생들과 작가가 되고자 하는 사람들, 혹은 자신의 삶을 에세이로 출간하고 싶은 사람들, 그리고 글쓰기에 관심이 있고, 작가가 되는 것에 조금이라도 관심이 있는 모든 사람들에게 정말 정말 해 주고 싶은 말이 있다.

'너무 잘 쓰려고 애쓰지 말라'

다시 말해 이 말은 이렇게 대체 될 수 있다.

'필력에 너무 연연해하지 마라.'

글쓰기에 대해 체계적인 교육을 받아 온 사람들, 전공자들은 그러한 것들이 큰 장점이 될 수 있다. 하지만 이미 글쓰기에 대해 체계적인 교육을 받을 기회를 상실한 필자처럼 중년이 되어 버린 사람이나 다시 대학교에 입학하기가 현실적으로 불가능한 많은 이들은 자신이 글쓰기에 대해서 제대로 배운 적이 없기 때문에 작가가 될 수 없을 것이라고 쉽게 단정지어 버린다.

그리고 그렇게 쉽게 단정 지어 버리는 이유 중에 하나가 바로 '필력'이 자신에게는 없을 것이라는 생각 때문일 것이다.

하지만 이것은 큰 오산이었다. 최소한 필자에게는 그랬고, 당신에게도 그대로 적용이 될 것이다.

글을 쓴다는 것은, 즉 책을 쓴다는 것은 결코 필력이 크게 영향을 미치지 않는 다는 것을 나름대로 깨달았던 것이다. 이것이 필자가 책을 쓰는 데 큰 도움을 준 것 같기도 하다.

감동적인 연설을 하는 사람들을 보면, 달변가들이 아니라, 열광할 수 있는 스토리를 가진 사람들이라는 사실에 대해 조금씩 인식하게 되었다.

타인을 감동시키는 것이 작가지, 필력만 좋은 것이 작가의 가장 큰 자질은 아닐 수 있다는 생각을 하게 되자, 필력이 나빠도, 필력이 좋아도 필력에 너무 연연해 할 필요는 없다는 생각을 하게 되었다.

미칠 정도로, 죽어도 좋을 만큼 작가가 되고 싶은 당신이 필력이 좀 나쁘다면 어떤가? 필력이 좀 나쁘면 책을 아예 쓸 수 없는 것인가?

그리고 더 중요한 사실은 필력은 결국 근력과 같다.

팔굽혀 펴기를 안 하다가 하면 열 개도 하지 못 한다. 하지만 꾸준히 조금만 매일 하면 열 개는 쉽게 할 수 있다.

필력도 바로 이와 같은 것이다. 필력은 글 쓰는 머리의 근육의 힘인 것이다. 근육은 모두 매일 하면 향상이 된다.

당신이 하루 이틀 글을 쓰고 그만 둘 것이 아니지 않은가? 평생 할 것이고, 최소한 몇 년을 할 것이 아닌가? 그렇다면 필력은 문제가 되지 않는 다. 매일 조금씩 향상되는 것이기 때문이다.

필자가 진정 말 해주고 싶은 것은 필력이라는 덫에 걸려서 처음부터 시작도 하지 못 하는 그런 어리석은 인생을 살지 말라는 것이다.

필력은 하다보면 계속 향상된다. 그러므로 지금 당장 시작하는 것이 중요하다. 내일 시작하는 것보다 오늘 시작하는 것이 더 필력이 향상되는 것은 당연한 일이기 때문이다.

필력이 없을 것이라고 스스로 지레짐작하여 작가가 되고자 하는 길을 포기하는 사람이 적지 않다. 하지만 이것은 가장 큰 오산이다.

필력은 계속 하다 보면 조금씩 계속 생기는 것이다. 그리고 지금 현재 당신의 필력이 형편없다고 해도 절대 걱정할 필요는 없다.

당신이 책을 쓰면 그 책을 읽어 주는 사람은 반드시 있다. 그 이유는 책의 질을 결정하는 것은 절대로 필력이 아니기 때문이다.

세련된 필력을 가진 사람보다는 질박하고 소박한 필력이지만 진심으로 글을 쓰는 사람, 혼신을 다해 글을 쓰는 사람, 신명나게 글을 쓰는 사람이 더 좋은 글을 쓸 수 있다고 필자는 믿는 다.

뿐만 아니라 짚신도 짝이 있다는 사실을 기억하자.

당신의 책의 질과 격을 나는 알 수 없다. 하지만 이 세상에는 너무나 다양한 사람들이 살아가고 있기에, 당신의 책을 읽고 열광하고 눈물을 흘리고, 감동을 하며, 인생을 바꾸는 사람도 분명히 있을 것이라고 나는 믿는 다.

명문장의 덫에서 빠져 나와라.

작가는 명문장을 쓰고, 글로 독자들을 사로잡는 문장의 작법가가 아니다.
진짜 작가는 진정한 창조자여야 하고, 자신의 모든 것을 완전하게 통제할 수 있어야 한다.

명문장을 잘 쓴다고 그 사람이 훌륭한 작가가 될 수 있는 것은 절대로 아니다. 그런 사람에게 광고 카피라는 직업을 선택하기를 오히려 나는 추천한다.

'작가는 명문장가' 라는 공식이 더 이상 성립하지 않는 다. 이 시대의 작가는 특히 더 그렇다.

'작가는 창조자 '라는 공식이 이제 성립하게 되었다고 생각한다. 그러므로 명문장가가 되려고 노력하지 말고, 그 시간에 발명가가 되려고 노력해야 한다는 것이다.

창조가에게 필요한 것은 정해진 틀과 문장 구조, 명문장이 아니라 자유로운 사색과 넘치는 발상이다. 그런 점에서 쓰레기 같은 수많은 발상과 사색과 사유가 필요한 것이다.

명문장가는 자꾸 자꾸 하나의 문장에 집중하는 사람이지만, 창조가는 끝도 없는 수많은 사유 속에 자신을 던져

넣는 사람이다.

진짜 작가는 너무나 큰 풍요로운 세상에서 살아야 한다. 눈에 보이지 않는 사유의 세상이 클수록 그 사람은 훌륭한 창조가가 될 수 있다.

명문장으로만 이루어진 책을 읽은 적이 있는 가? 그런 책일수록 작가는 없고, 내용도 없고, 스토리도 없고, 감동도 없고, 교훈도 없다.

나는 이런 작가를 잘 알고 있다.

문장만 번지르르하고, 화려하고, 세련되어 있고, 탐낼만 하고, 읽힐 만하다. 하지만 독버섯이 그런 것처럼 너무 화려하고 유혹적인 것은 결국 우리의 정신을 해치게 된다.

고전은 질박해야 하고, 작가는 진실해야 한다.

작가는 교언영색을 멀리 해야 한다. 그것이 진정한 창조가의 자격 요건이다. 작가는 외부를 아름답게 하는 사람이 아니라 진솔한 내면을 보여주는 사람이어야 한다.

그런 점에서 [뼛속까지 내려가서 써라]의 저자인 나탈리 골드버그를 미워할 수 없다. 그녀가 자신의 책에서 밝힌 멋진 글쓰기 철학을 알게 되면 매료되지 않을 자가 어디 있을 까?

" 내가 주장하는 것은 언제나 단 하나다. 자신의 느낌을 믿어라! 자신이 경험한 인생을 신뢰하라. 뼛속까지 내려가서 내면의 본질적인 외침을 적어라!"

그녀의 주장을 잊지 말라. 내면의 본질적인 외침을 글로 적어서 세상을 향해 소리치는 사람이 바로 작가인 것이다.

명문장가가 된다는 것에 대해 절대로 폄하할 생각은 없다. 하지만 너무 과대평가 되어 있는 것은 사실이다. 마치 명문장가가 되지 않으면 작가로서 대성할 수 없는 것처럼 오해하는 사람들이 많기 때문이다.

진짜 명문장은 자신의 뼛속까지 내려가서 내면의 본질적인 외침을 그대로 제대로 표현한 문장이 아닐까?

어제 저녁에 모처럼 일찍 집에 들어가서 아주 편한 자세로 책을 몇 권 보았다. 도서관에서 하루 종일 책을 읽고, 글을 쓰고 나서 저녁에 조금 일찍 집에 갈 때는 어김없이 책을 몇 권 빌린다.

집에 가서 잠자기 전에 계속해서 책을 읽기 위해서 이

다. 8시쯤에 저녁을 먹고 빌려 온 세 권 중에 먼저 한 권을 집어 들고, 가장 편한 자세로 책을 읽기 시작했다. 놀라운 일이 발생했다.

TV 앞에 가장 편한 자세로 4시간을 있었지만, TV 는 보지 않고, 책에 완전하게 몰입하여 빠져 들었기 때문이다. 이 책을 보면 명문장은 하나도 없다. 하지만 이 책이 독자인 나를 완전히 사로 잡은 이유는 단 한 가지다.

명문장보다 더 중요한 것은 진심이라는 것이다. 이 책의 저자는 자신의 경험을 솔직하게 써 내려갔던 것이다. 이 책을 읽으면서 너무 자주 고개를 끄덕이며 동감을 했다.

명문장은 잠시 독자들의 눈과 귀를 즐겁게 해 주고 사로잡을 수 있다. 하지만 독자들의 가슴 속에 오래 남는 것은 진실 된 작가의 이야기이다. 어제 읽은 책의 스토리는 아직도 생생하다. 아마도 이 스토리는 평생 잊지 못 할 것이다. 이런 책이 멋진 책이다.

명문장은 하나도 없지만, 독자의 가슴 속에 오래 간직되는 책이 진짜 진솔하고 좋은 책일 것이다.

오로지 작가는 쓸 뿐이다.

' 결과에 연연해서는 안 된다. 특히 작가는 그렇다. 오로지 작가는 쓸 뿐이다. 작가는 글을 쓰는 사람이지 결과에 집착하는 사람이 아니다.'

작가가 되고자 하는 작가 지망생이나 자신의 이름으로 된 책을 한 권이라도 세상에 출간하는 것을 꿈꾸는 모든 이들에게 해 주고 싶은 말이다.

결과에 집착하지 않을 때 도전할 수 있는 것이다.

아무리 많이 출판사로부터 반려를 당한다고 해도 결코 포기하지 말라. 당신은 책을 쓰는 작가이다. 그리고 이미 책을 쓴 작가와 다를 바 없다.

어떤 출판사의 편집장이 일간지에 이런 칼럼의 글을 쓴 것을 본 적이 있다. 나도 역시 당신에게 꼭 해 주고 싶은 말이 아닐 수 없다.

" 당신들은 모두 작가였다.

'작가' 라는 명함을 가진 이들은 좀 더 세련된 포장 방법을 알고 있다는 점 뿐, 결코 아무런 차이가 없다. "

자! 어떤가? 당신은 이미 작가다. 다만 쓰지 않았을 뿐,

다만 당신의 이름으로 된 책이 단 한 권도 없다는 것 뿐. 작가는 아무나 할 수 있고, 아무나 될 수 있다.

가장 큰 문제는 하지 않았을 뿐이다.

다시 말하면, 당신이 작가가 되지 않은 이유는 단 한 가지다.

쓰지 않았을 뿐이다. 그러므로 지금부터 당장 쓰자. 쓰고 또 쓰면 되고 또 된다.

그것이 전부다!

무엇보다 실행, 실천이 곧 전부다. 작가에게는 글을 쓰는 것이 실행의 전부다. 그러므로 글을 쓰는 것만 생각해야 하고, 글만 써야 한다. 물론 그렇게는 안 되겠지만 최소한 하루 종일 가장 많이 하는 행동이 글을 쓰는 것이 되어야 할 필요는 있다.

[핑]이라는 책을 읽다가 감동을 주는 대목을 읽었다.

" 무언가가 되고자 한다면 반드시 무언가를 행해야 합니다. 그것이 우리가 이 세상에 보내진 이유입니다.

살아있는 존재라면 누구든 무한한 가능성을 가기고 있으며, 세상이 주는 무한한 열매를 받을 자격이 있습니다.

“ < 스튜어트 에이러비 골드, [핑], 123쪽 >

이 책처럼 무언가가 되고자 한다면 반드시 무언가를 행해야 한다. 수영 선수가 되고자 한다면 수영을 해야 하고, 등산가가 되고자 한다면 등산을 해야 하고, 강사가 되고자 한다면 강의를 무엇보다 많이 해야 하듯, 작가가 되고자 한다면 무엇보다 글을 많이 써야 한다.

당신이 가진 에너지와 시간과 정신을 온전히 글을 쓰는 것에만 집중해야 한다. 그것이 작가가 되는 길이고, 글을 잘 쓸 수 있는 단 한 가지 방법이다.

많은 작가들이 한 두 권의 책을 쓴 후 진전이 없거나 더 이상 작가로 살아남지 못 하는 가장큰 이유는 자신의 시간과 정신과 에너지를 글을 쓰는 것, 바로 작가의 본연의 행동에 너무나도 집중시키지 않고 분산시키기 때문이다.

위대한 작가들을 살펴보면, 그들은 평생 자신의 모든 에너지와 시간과 정신을 글을 쓰는 데 집중했다.

괴테는 [파우스트]를 쓰는 데 평생을 바쳤다. 천재 작가인 괴테 조차 평생을 바쳐서 책을 쓰고 또 썼다.

그런데 너무나 많은 현 시대의 작가들이 한 두 권의 책을 쓰고 나서 다른 것에 더 많은 시간과 에너지와 혼신을 쏟는 듯하다.

작가는 모름지기 글을 쓸 뿐이고, 글을 쓰는 것에 가장 많은 시간과 에너지를 투자해야 한다.

세상은 정직하고, 정확하다. 그래서 이 세상에는 공짜 점심이란 절대로 없다.

읽은 만큼 세상이 보이게 되고, 보이는 만큼 글을 쓸 수 있게 되고, 글을 쓰는 데 투자한 만큼 남게 되는 것이다.

쉽게 얻은 명성은 쉽게 사라지고, 무명인 시기가 10년인 사람은 그 명성이 10년이 가고, 20년인 사람은 명성이 20년이 지속된다.

세상은 정확하고 정직하다. 혼신을 다해 하지 않는 자는 그 어떤 분야로 진출하더라도 최고가 될 수 없다.

작가로서 최고가 되고 싶다면 가장 먼저 해야 할 일이 쓰는 것이고, 가장 중요한 일이 쓰는 것이어야 한다.

한 문장을 쓰고 그 다음 문장을 쓰라.

‘코끼리를 잡아먹는 방법이 무엇일까?’

이 질문에 답을 해 보라.

필자의 대답은 이것이다. '한 번에 한 입씩' 먹는 것이다. 이 방법을 제외하고는 없다. 물론 다른 방법도 있지만 본질은 결국 이것이다.

책을 쓰는 작가가 되는 방법도 이와 다르지 않다.

한 마디로 책을 쓰는 유일한 방법은 '한 번에 한 문장씩 쓰는 것'이다.

그래서 작가 지망생들에게 해 주고 싶은 말이기도 하지만, 여전히 필자 본인에게 평생 해 주고 싶은 말은 이것이다.

' 책을 쓰지 말고 한 문장만 쓰자.'

한 문장만 쓰면 그것이 책이 되는 것은 아니다. 하지만 한 문장을 쓰지 않으면 절대 책을 쓸 수 없다는 것이다. 천리 길도 한 걸음에서 시작되고, 태산도 한 줌의 흙에서부터 시작되듯, 아무리 양이 많은 책이라도 한 문장에서 시작되었다는 것을 잊어서는 안 되기 때문이다.

한 문장을 쓰고, 그 다음 문장을 쓰다 보면 어느 새 수백, 수천 장의 원고지를 채우게 되고, 수 십 권의 책을 쓴 작가가 되어 있을 것이다.

결국 하나의 문장이 수 십 권의 책으로 탄생하게 된다.

대한민국에서 1인 기업가의 1 세대였던 공병호 소장도 처음부터 글을 잘 쓰는 사람은 매우 드물다고 말하면서, 꾸준히 쓰는 것이 가장 좋은 비결이라고 말한다.

" 처음부터 글쓰기를 좋아하는 사람은 없다. 처음부터 잘 쓰는 사람은 더욱 드물다. 무슨 일이든지 처음 시작할 때는 약간의 고통이 따른다. 게다가 두려움과 부끄러움도 함께 한다. 하지만 대문호의 글, 나 같은 저술가의 글 따위와 자신의 소중한 기록을 같은 반열에 놓고 비교하지 마라. 누가 뭐라 해도 자기 자신이 썼기에, 누가 뭐라 해도 내 인생의 기록이기에 소중하고 아름다운 글이다. 그렇게 애정 어린 마음으로 꾸준히 써보라. 수백, 수천 장의 원고지를 채워보라. 모든 일이 그렇듯 글쓰기도 반복하다 보면 어느 순간 문리를 터득한다."

< 임정섭, [글쓰기 어떻게 할 것인가], 194쪽 >

소설가 김영하씨는 지금 한 창 유행인 TED 강의를 통해 매우 멋진 말을 남긴 적이 있다. 필자도 이것을 보고 열광했다.

“ 롤랑 바르트는 플로베르의 소설에 대해 이렇게 말한다.

플로베르는 소설을 쓴 것이 아니라 한 문장과 다른 문장을 연결했을 뿐이다. 문장 사이의 에로스가 플로베르의 소설의 본질이다. 소설은 기본적으로 앞의 한 문장을 쓴 다음에 그 문장을 위배하지 않는 선에서 그 다음 문장을 쓰는 것.”

역시 멋진 아티스트는 달랐다. 그의 TED 강의에는 잔잔하면서도 강렬한 무엇인가가 있었다. 나는 그것에 매료될 수밖에 없었다. 소설가는 정말 멋진 직업이다.

그는 이 강연을 통해 거듭 말한다. ‘우리는 우리 자신의 예술을 시작하는 것이 중요하다’ 고 말이다.

당신은 이제 당신의 글을 쓰는 것이 중요하다. 당신의 이야기, 당신의 경험, 당신의 생각, 당신이 얻는 최고의 스토리, 바로 이것이 당신이 글을 써야 하는 이유이고, 당신이 반드시 작가가 되어 당신을 당당히 세상에 보여주어야 할 이유이다.

왜냐하면 당신이 가진 스토리는 당신만이 할 수 있고, 보여 줄 수 있고, 쓸 수 있는 유일무이한 것이기 때문이다. 그것도 당신만이 할 수 있는 일이기 때문이다.

퓰리처상을 수상한 작가인 애니 딜러드는 자신의 저서인 [창조적 글쓰기]라는 책을 통해 다음과 같이 말한 적이 있다.

" 글쓰기는 한 줄의 단어를 펼쳐놓는 것으로 시작된다. 그 줄은 광부의 곡괭이이고 목각사의 끌이며 의사의 탐침이다. 글 쓰는 이가 휘두르는 대로 그 줄은 그에게 길을 파서 내준다. 그 길을 따라가다 보면 새로운 땅에 깊숙이 들어가게 된다."

< 애니 딜러드, [창조적 글쓰기] , 11쪽 >

한 줄의 단어로 시작해서 그것이 한 문장이 되게 하면 그 다음부터는 그것을 연결하고 이어주기만 하면 된다. 그러다 보면 어느 순간 새로운 세계에 깊숙이 들어가 있는 자신을 발견하게 되고 놀라게 될 것이다.

“ 작가는 인생을 두 배로 살아가는 사람이다. 먼저 첫 번째 인생이 있다. 길에서 만나는 여느 사람들처럼, 건널목을 건너고 아침에 출근하기 위해 넥타이를 매는 그런 일상생활이다. 하지만 이들에게는 생활의 또 다른 부분이 있다. 모든 것을 다시 곱씹는 두 번째 인생이다. 이들은 글을 쓰기 위해 자리에 앉을 때마다 자신의 인생을 다시 들여다보고 그 모습을 면밀하게 음미한다. 삶을 이루고 있는 재질과 세부 사항을 들여다본다.” < 나탈리 골드버그, [뼛속까지 내려가서 써라], 91쪽 >

제2장. 두 번째 멘토링 _ 작가의 두 번째 시크릿 _ 작가의 허상에서 벗어나라.

" 글을 쓰는 능력은 배짱과 마찬가지로 따로 준비하거나 획득해야 하는 게 아니다. 아직은 믿기지 않겠지만, 여러분은 당장이라도 문학작품을 써낼 수 있는 능력을 이미 지니고 있다. 글쓰기는 누구나 할 수 있다. 누구나 글을 쓸 수 있고, 누구나 작가가 될 수 있다."

< 로버타 진 브라이언트 >

작가는 말하는 사람이 아니라 보여주는 사람이다.

“ 강한 자는 망설이지 않는 다. 굳건히 자리를 잡고, 땀을 흘리며, 끝을 향해 나아간다. 잉크를 다 써서 없애고, 종이를 모두 써버린다. “

소설 ‘홍당무’의 작가이며, 프랑스의 소설가였던 쥘 르나르(Jules Renard)가 한 이 말은 강한 작가의 모습을 잘 보여준다. 자기 자신과의 싸움에서 머무르지 않고, 주저하지 않고, 끝을 향해 나아가는 작가의 모습이야 말로 진짜 작가의 모습일 것이다.

진짜 작가는 주저리주저리 말을 하는 사람이 아니라 이러한 강한 모습을 당당하게 보여주는 사람이어야 한다는 것이 필자의 생각이기도 하다.

작가는 무엇보다, 이 세상의 그 어떤 것보다 강해야 한다. 왜냐하면 강한 자들만이 망설이지 않고 자신의 이야기와 자신을 당당하게 세상에 내 놓을 수 있기 때문이다.

과거에는 약한 자들도 얼마든지 작가가 될 수 있었다. 그 시대에는 작가의 성격이 연출가 혹은 문장 연출가의 성격이 강했기 때문이다. 하지만 이제는 연출가가 보다는 노출가의 성격이 강한 것이 작가라고 생각한다.

독자들도 진정성을 느끼기 시작했고, 작가가 하는 말이 가식인지 거짓인지 알 수 있을 만큼 수준이 높아졌기 때문이다. 한 마디로 시대가 바뀌면서 독자들의 수준이 바뀌고, 따라서 필요한 작가의 자질도 달라졌다.

즉 시대가 바뀌고 있다. 그래서 시대가 원하는 책도 달라지고 있다. 그래서 한 마디로 이 시대가 원하는 작가를 다음과 같이 표현하고자 한다.

'작가는 아름다움을 연출하는 연출가가 아니라 자신의 스토리를 포장하는 것 없이 그대로 보여주는 노출가가 되어야 한다.'

그렇다. 이것이 진짜 작가가 아닐까?

과거에는 한 문장으로 사람의 마음을 사로잡는 그런 명문장가들과 필력이 특별히 넘치는 필력가들이 최고의 작가로 대우받았다.

하지만 이제는 그런 사람들이 아니다. 자기 자신을 그대로 보여주는 사람이 더 훌륭한 작가로 인정받게 되는 시대다.

필자가 좋아하는 작가인 나탈리 골드버그는 자신의 저

서를 통해 말하지 말고 보여주라고 조언해 준다.

“ 글쓰기에 관련된 오래된 속담이 하나 있다. ‘말하지 말고 보여주라’ 는 말이다. 무슨 뜻인가? 이것은 이를테면 분노라는 단어를 사용하지 않고서, 무엇이 당신을 분노하게 만드는지 보여 주라는 뜻이다. 당신 글을 읽은 사람이 분노를 느끼게 하는 글을 쓰라는 뜻이다. 다시 말해 독자들에게 당신의 감정을 강요하지 말고, 상황 속에서 생생하게 살아 있는 감정의 모습을 그냥 보여 주라는 말이다.”　< 나탈리 골드버그, [뼛속까지 내려가서 써라], 117쪽 >

이 책의 저자와 필자는 같은 생각이다.

작가는 자신의 감정인 슬픔과 기쁨에 대해서 말하는 사람이 아니라, 독자들로 하여금 슬픔과 기쁨을 체감할 수 있도록 보여 주어야 하고 느낄 수 있게 해 주어야 한다. 그래서 때로는 작가는 연출가가 아니라 그대로 보여주고 전달해주는 노출가가 되어야 한나.

이 세상이 얼마나 감동적이고 환희에 차 있는 지를 구구절절 말하거나 설명하려고 하지 말고, 그대로 보여줄 수 있는 작가가 최고의 작가인 것이다.

그는 또 이런 말도 했다.

“ 글쓰기를 통해 자신의 인생을 노출시킨다는 것은 절대 자신의 에고를 남들에게 보여 주고 싶은 대로 연출한다는 뜻이 아니다. 자신이 그저 하나의 인간 존재임을 드러내 보인다는 뜻이다. 바로 이러한 이유로 나는 글쓰기가 종교와 다를 바 없다고 생각한다. 글쓰기는 당신이 쓰고 있는 딱딱한 껍질을 벗기고 열린 마음으로 세상을 향해 다가가도록 한다.”

< 나탈리 골드버그, [뼛속까지 내려가서 써라], 75 ~ 76 쪽 >

글쓰기는 자기 자신이 한 인간임을 드러내 보이는 것이어야 한다. 가면을 벗고, 진실 된 자기 자신을 이 세상에 내 보여야 한다.

글쓰기는 연출이 아니라 노출이어야 한다.

그렇기 때문에 글쓰기는 연출이 아니어야 한다. 글쓰기는 그대로 보여주는 노출이어야 한다.

공자는 교언영색(巧言令色)이라는 말을 한 적이 있다. 필자는 알게 모르게 이 말을 무척이나 좋아하는 것 같다.

글을 쓰는 것도 역시 작가마다 자신만의 스타일이 있고, 형식이 있을 것이다. 하지만 필자의 스타일은 의도적으로 꾸미고 세련되게 하려는 것을 극도로 싫어한다. 단지 필자의 스타일이나 성격 때문이기도 할 것이다.

하지만 이 세상에 출간되는 모든 책들이 비슷하게 세련된 문체와 비슷한 형태의 연출에 의해 의도된 스타일을 갖고 있다면 어떻게 될 까?

한국 사회에 모든 미인들이 연예인들과 비슷한 성형 수술을 하여 하나같이 너무나 예쁘시만 개성은 점차 시리지고 있다는 점을 생각해 볼 때, 의도적으로 만드는 그런 연출보다는 자기 자신의 개성을 그대로 보여주는 노출에 가까운 표현이 더욱 더 중요해질 것이라고 생각한다.

출판사에서 항상 전화가 와서 윤문을 하고, 편집을 하고, 문체를 세련되게 바꾸어도 되냐고 질문을 할 때 마다 필자는 한 마디로 거절한다.

어느 정도의 윤문이나 편집은 반드시 필요하다는 것을 알고 있고, 인정한다. 하지만 모든 책의 문체가 편집자에 의해서 비슷해진다면 책의 의미나 가치가 급격하게 떨어질 것은 분명하다고 생각하기 때문이다.

무엇보다도 자기 자신만의 독특한 사투리, 어투, 문체는 그 작가의 고유한 하나의 자산이고 개성이고 힘이고 매력이 될 수 있다고 생각한다. 그런데 그런 질박한 사투리 같은 작가 특유의 문체가 사라지고, 세련된 문체로 전환된다는 것은 어쩌면 아름다운 자연그대로의 바다나 산을 버리고 그곳에 인공적인 조형물을 잔뜩 건설하는 것과 같다.

아무리 인간의 조형물이 멋지다고 해도 자연보다는 더 위대할 수 없다. 자연만큼 위대한 조형물을 만들 수 있다고 해도 그것에 투입되는 많은 시간과 노력과 에너지를 생각할 때 자연 그대로 보존하는 것이 훨씬 더 경제적이며, 훨씬 더 의미가 있는 것이다.

글쓰기는 자신의 생각과 삶을 그대로 보여주는 노출에 가까운 것이 되어야 독자들이 감동할 수 있고, 소통할 수 있고, 느낄 수 있게 된다.

가면을 쓰고, 포장을 아무리 한다 해도 내용물은 바뀌지 않는 다. 너무 과한 연출은 오히려 독자들에게 반감을 사게 된다.

정글의 법칙은 그 자체로 너무나 멋진 프로그램이다. 하지만 연출자들이 욕심을 내서 좀 더 멋지게, 좀 더 세련되게, 좀 더 극적으로 만들고자 했기 때문에 결국 진정성에 대한 문제가 노출되었고, 잠시 문제가 되었던 것이다.

김병만이 사과하는 지경에 이르렀던 것이다. 글쓰기도 이와 다르지 않다. 진정성으로 독자들에게 다가가야 하는 것이다.

당신을 그대로 노출 시켜야 한다. 그럴수록 독자들은 당신에게 열광하게 된다.

로버타 진 브라이언트가 제시하는 글쓰기 제3법칙이 필자의 이러한 주장과 매우 닮아 있음을 발견하고 놀라기도 했다.

“ 글쓰기 제3법칙

정직하게 쓰라. 알몸을 드러내라. 독창적인 것에는 진통이 따르게 마련이다.

'작가가 되기 위해서는 먼저 고개를 내밀고 틈만 노리고 있다가 기꺼이 바보가 되어 자신을 송두리째 까발려야 한다. " < 로버타 진 브라이언트, [누구나 글을 잘 쓸 수 있다], 111 ~112쪽 >

이 말처럼 작가는 알몸을 드러내야 한다. 남과 다른 것은 당신의 알몸이다.

나탈리 골드버그도 또한 이와 비슷한 말을 했다.

" 작가는 다른 사람들에게 지식을 나누어 주기 위해 글을 쓰는 사람이 아니다. 그보다는 작가는 자신이 누구인지 밝히기 위해 글을 쓴다."

< 나탈리 골드버그, [뼛속까지 내려가서 써라], 5쪽 >

당신이 누구인지 밝히기 위해 글을 쓰는 것이 바로 작가이다. 다른 사람들에게 지식을 나누어 주기 위해 글을 쓰는 사람은 학자나 교수에 가까울 것이다.

작가는 누구나 될 수 있다.

“ 작가가 되는 것도 마찬가지이다. 달리 필요한 게 없다! 그러나 굳이 말하자면, 경험이 필요하긴 하다. 인생 경험과 글쓰기 경험, 그 가운데 인생 경험이 없는 사람은 아무도 없다. 작가가 되기 위해 별도의 인생 경험을 할 필요는 없다. 그리고 글쓰기 경험은 종이에 낱말을 늘어놓으며 글과 씨름을 하다보면 저절로 생긴다. 기꺼이 글을 쓰겠다는 마음으로 일단 시작해서 꾸준히 글을 쓰기만 하면 된다. 자신의 이야기를 있는 그대로 솔직히 털어놓으며, 꾸준히 시간을 바치다 보면 어느 새 여러분은 작가가 되어 있을 것이다.”

< 로버타 진 브라이언트, [누구나 글을 잘 쓸 수 있다], 14쪽 >

작가가 되고자 하는 작가 지망생들과 자신의 이름으로 된 책 한 권을 반드시 출간하고자 하는 사람들에게 가장 힘든 것은 자기 자신과의 싸움일 것이다.

‘내가 책을 쓰는 작가가 될 수 있을 까?’
‘누가 내 책을 읽어 줄 것인가?’
‘나 같은 사람도 작가가 될 수 있을 까?’

분명하게 말하겠다. ‘당신 같은 사람도 물론 작가가 될 수 있다.’ 물론 당신 같은(?) 사람이 어떤 사람인지 구체적으로 정확히 알지 못 한다. 하지만 한 가지 사실은 분명하다. '당신 같은 사람' 은 스스로 자신의 부정적이고 소극적이고 무기력한 생각에 자신을 가두어 놓고 그 감옥 안에서 벗어나는 것을 매우 힘들어하고 있는 그런 사람이라는 것이다.

작가는 누구나 할 수 있는 직업이다. 다만 글쓰는 기술이 필요할 뿐이다. 하지만 이것은 특별한 기술이 아니다. 생각해 보라. 식당에서 아르바이트를 하거나, 편의점에서 아르바이트를 하고자 해도, 계산하는 방법과 주문 받는 방법, 서빙하는 방법, 고객 응대 방법 등과 같은 기본적인 기술(?)을 배워야 한다.

글쓰기도 마찬가지이다. 아주 기본적인 것을 스스로 터득하거나 배우기만 하면 누구나 작가가 될 수 있다.

작가는 누구나 될 수 있는 것이지만, 누구나 자리에 앉아서 글을 쓰지 않는 다. 바로 이것 때문에 누구나 될 수 있지만, 아무나 되지 못 하는 것이다. 독자와 작가의 간극은 바로 글쓰기를 하느냐 안 하느냐, 매일 하느냐 일년에 한 두 번 하느냐에 따라 결정될 뿐이다.

능력이나 재주나 특별한 기술의 차이는 없다. 작가는 그저 글을 쓰는 사람이고, 매일 글을 쓰는 사람일 뿐이다.

당신이 작가가 되지 못 한 단 한 가지 이유는 매일 앉아서 글을 쓰지 않았기 때문이다. 최소한 한 권의 책을 출간하기 위해서는 글을 매일, 자주, 많이 쓸 필요가 있다.

글쓰기는 위대한 기술이다. 그런 점에서 작가는 그러한 기술을 연습과 훈련을 통해 습득한 사람일 뿐이다. 특별히 어렵고 습득하기에 힘이 많이 드는 기술은 아니다. 다만 그 과정이 힘들 뿐이다.

한 번 습득만 하게 되면 글쓰기만큼 즐거운 것도 이 세상에 또 없을 것이다. 글을 쓰는 즐거움을 누리면서 생계를 유지할 수 있는 멋진 직업이기도 하기 때문이다.

지금 이 시대만큼 평범한 사람들이 글을 자주 매일 많이 쓰는 시대는 일찍이 없었다는 사실을 필자는 필자의 다른 책을 통해서 강조하고 주장한 바 있다.

그리고 필자가 TED 강연 시에 발표 했던 주제가 바로 '누구나 글을 쓰는 시대, 새로운 미래, 새로운 인류가 몰려온다.' 였다.

이 강연을 통해서 필자는 세계 최초로 새로운 신인류를 정의한 바 있다. 그것은 한 마디로 '호모 스크립투스(Homo Scriptus)' 이다. ' '호모 스크립투스(Homo Scriptus)' 란 말은 '글을 쓰는 인간' 이라는 라틴어 말의 조합으로 필자가 처음으로 만든 말이다.

그렇기 때문에 필자의 책을 제외하고는 이 단어를 사용한 그 어떤 사람도 없다. 이런 단어와 이런 개념에 대해 말한 학자나 작가는 한 명도 없다는 사실이다. 필자가 새롭게 만든 개념이고 단어이기 때문이다.

'‘호모 스크립투스(Homo Scriptus)' 는 필자의 다른 책 제목이기도 하다. 이 주제에 대해서는 이 책을 참조하기 바란다. 하지만 여기서는 간단히 왜 누구나 작가가 될 수 있는 시대가 오고 있고, 왜 지금 이 시대를 살아가고 있는 우리들은 새로운 신인류인 ‘호모 스크립투스' 인지에 대해 간단히 말하고 넘어갈 것이다.

한 마디로 우리가 사는 시대의 인류는 트위터와 페이스북을 통해서 평범한 사람들이 매일 글을 쓰고 또 쓰는 그런 시대를 살아가고 있다는 사실에 주목한 결과, 인류 역사상 지금처럼 평범한 일반 시민들이 이토록 열심히, 그리고 자주, 그리고 거의 매일 글을 쓰고 또 쓰는 시대는 없었다는 것을 발견하게 되었던 것이다.

과거에도 물론 일기를 쓰는 사람들은 있었다. 하지만 지금처럼 매일, 자주, 글을 쓰고 또 쓰는 사람들이 많아진 시대는 없었다는 것이다.

과거 중세 시대 혹은 가까운 50년 전의 사람들에게 당신은 작가가 될 수 있습니다라고 말을 한 다면 그것은 거짓말에 가까울 것이다.

하지만 지금처럼 블로그나 페이스북이나 트위터에 자신이 직접 글을 쓰고 또 쓰는 신인류에게 '당신은 작가가 될 수 있습니다.' 라고 말을 하는 것은 절대 거짓말이 아니다. 일상에서 그들이 해 온 것을 다만 종이책으로 전환만 시키면 되기 때문이다.

이미 책 한 권 분량 이상의 글을 트위터나 블로그나 페이스북에 남긴 사람들이 적지 않기 때문이다. 알게 모르게 작가가 되는 그런 작가 수업을 이 시대는 평범한 사람들에게 시키고 있는 그런 시대라는 것이다.

그래서 필자는 이 TED 강연을 통해 새로운 용어인 '라이더(Wrider)' 에 대해서도 언급을 했다. 이 말도 필자가 최초로 만든 말이다.

위대한 미래학자 앨빈 토플러는 오래 전에 [제 3의 물결]이라는 책을 통해 생산자와 소비자의 경계가 무너지고, 프로페셔널과 소비자의 경계가 무너지는 현상에 대해 예견한 적이 있다. 그가 자신의 책을 통해 만든 새로운 용어인 프로슈머(prosumer)가 바로 그러한 현상을 잘 대변해 주는 말이다.

필자는 21세기가 되어 독자와 작가의 경계가 무너지고 있다는 것을 인식하게 되었다. 이런 추세는 앞으로 더욱 더 심해 질 것이다.

그래서 작가(writer)와 독자(reader)의 합성어를 최초로 만들었다. 그것이 바로 '라이더(wrider)'라는 신조어이다. 책을 읽는 독자이면서 동시에 책을 쓰는 작가인 사람을 의미한다.

이러한 라이더라는 말은 필자가 최초로 만든 말이고, TED 강연을 통해 세상에 처음으로 알렸고, 필자의 다른 책에서 좀 더 자세히 설명을 했다.

결론은 이제 누구나 작가가 될 수 있는 시대라는 것이다. 50년 전이나 조선 시대나 중세 시대 였다면 이런 말을 절대 할 수 없었을 것이다. 하지만 지금 이 시대의 사람들에게 확실하게, 그리고 분명하게 말 할 수 있다.

이미 작가가 될 충분한 경험과 능력을 가지고 있는 인류가 바로 '호모 스크립투스' 인 이 시대를 살아가고 있는 바로 여러분들이기 때문이다.

진짜 작가는 말하고자 하는 것이 있어야 한다.

생각지도 못 했던 일이 내 인생에 일어났다. 내 이름으로 된 책이 출간된 일이었다. 벌써 2년 전의 일이었다. 이때만 해도 꿈만 같았다. 결코 쉬운 일은 아니었다. 하지만 그것은 누구나 할 수 있는 일이었다.

최소한 필자는 그렇게 생각한다. 그런 기적과 같은 일이 생긴 후 1년이 지나자 내 이름으로 된 책들이 한 권씩 늘어났고, 이름이 조금 알려지면서 여기 저기 강연을 가게 되었다.

그런데 스피치, 강연, 연설, 프레젠테이션 등을 할 때 가장 중요한 것이 무엇인지에 대해서 곰곰이 생각해 볼 기회가 생겼다.

TV 에 출연하여 토크를 해야 하고, 다양한 직업의 사람들 앞에서 연설을 해야 하고, 라디오 방송에 나가서 스피치를 해야 하고, 심지어 TED 강연에 나가서 프레젠테이션을 해야 했기 때문이다.

처음에는 기교, 목소리, 자세, 테크닉, 경험, 발성, 발음, 자신감, 화법, 등과 같은 것들이 가장 중요한 것인 줄 알았다. 하지만 이내 곧 정신을 차리게 되었고, 가장 중요한 것이 무엇인지를 알게 되었다.

스피치든 대화든 연설이든 프레젠테이션이든 가장 중요한 것은 '콘텐츠'라는 것을 말이다.

즉 하고 싶은 말, 말하고 싶은 이야기, 콘텐츠가 있어야 한다는 사실이었다. 그것이 없는 사람은 아무리 말을 번지르르하게 잘 한 다 해도 아줌마 수다 밖에 되지 않는다.

TED 강연과 한국 사회에 많이 넘쳐나는 수많은 강연을 비교 해 봤을 때 너무 큰 격차를 느끼게 되어 한국인으로서 부끄럽다는 생각을 조용히 개인적으로 해 본 적이 있다. 물론 개인적인 생각이며 개인적은 느낌임을 미리 밝혀 둔다.

TED 강연에 나온 이들은 모두 자신이 말하고 싶은 콘텐츠가 너무나 확실하고 분명하고, 그러한 콘텐츠 중에 80% 이상이 자신의 오랜 공부와 연구를 통해 얻어낸 것들이다. 그래서 듣는 이들은 모두 감동과 감탄을 하는 것을 자주 접할 수 있다. 한 마디로 매우 기발하고 독창적이고 학문적이고 수준이 높은 콘텐츠들이라는 것이다.

하지만 한국 사회에 만연해 있는 강연들을 보면, 특히 TV에서 방영되고 있는 강연들을 살펴보면, 연구와 아이디어를 토대로 한 TED 강연하고는 성격부터가 너무나 다르다.

한국 사회의 강연들을 보면 가장 먼저 느껴지는 것이 그들은 모두 말을 너무 번지르르하게 잘 한다는 것이다. 그리고 더 중요한 특징은 내용, 즉 알맹이가 별로 없다는 것이다. 즉 누구나 할 수 있는 그런 수준의 내용만을 좀 더 드라마틱하게, 효과적으로, 관객과 소통을 잘 하면서 한다는 것이다.

마치 시원한 코카콜라나 사이다를 마시는 것처럼 시원하지만, 몸에는 좋지 않다. 하지만 TED 강연은 이와 반대다. 빈약한 내용에 상대적으로 말만 잘 하는 그런 전문 강사가 나오는 것이 아니라 말은 못 해도, 꽉 찬 내용, 수준 높은 콘텐츠를 가지고 나온다는 것이다.

작가는 바로 이러한 수준 높은 콘텐츠, 꽉 찬 내용, 정말 세상에 내놓고 싶은 그런 '거리' 들을 가지고 있는 사람이어야 한다는 것이다.

필자의 경우가 바로 이런 경우다.

직장 생활에서 재미와 즐거움과 흥분을 더 이상 느끼지 못 해서 무작정 회사에 사표를 던졌다. 그러고 나서 부산에 내려와서 방황을 시작했다. 그러던 중 도서관에 나가서 책을 보기 시작했다.

직관에 이끌렸다고 볼 수 있다. 매일 도서관에 가서 책에 미치자 책 읽는 즐거움에 몇 년을 그저 보냈다.

그런 과정에서 읽은 책이 많아졌다. 하지만 작가가 되겠다는 꿈은 한 번도 꾼 적도 없었고, 지금도 그러한 생각은 변함이 없다. 그저 책이 좋아서 책을 읽었다. 다양한 분야의 책을 읽다가 공부에 대한 책으로 주제가 흘러가게 되었고, 공부에 대한 책을 섭렵하게 되었다.

그런데 너무나 화가 났다. 공부에 대한 책들이 모두 공부 기술, 공부 테크닉, 공부 방법에 대한 이야기 뿐이었기 때문이다.

결국 '진짜 공부는 그런 것이 아니다.'

라는 울분과 함께 '공부는 진짜 이런 것이다' 라는 말이 목 끝에까지 치밀어 올랐다. 그래서 무작정 문방구에 가서 원고지를 구입했다. 그리고 그 위에 글을 쓰기 시작했다.

너무 너무 말하고 싶은 것이 있었기 때문이다. 그래서 한 달을 꼬박 썼다.

공부가 무엇인지, 공부는 왜 해야 하는지, 공부의 참 된

기쁨은 무엇인지, 공부를 통해 일가를 이룬 공부의 대가들은 누구인지... 등과 같은 내용으로 끝도 없이 써내려갔다.

그렇게 한 달 정도 쓰고 나서, 문제가 생겼다. 쓸 때는 신나고 즐겁고 신명났지만, 막상 다 쓰고 나니 이 원고를 어떻게 해야 할지 몰랐던 것이다.

고민하다가 출판사 몇 군데에 보냈다. 그랬더니 출판사에서 연락이 왔고, 출간하게 되었던 것이다. 한 달 쓴 그 원고가 책 세 권 분량이 넘는 다는 소리에 놀라기도 했다.

작가는 자신이 하고 싶은 이야기, 말하고자 하는 것이 있어야 한다. 없다면 작가가 될 수 없고, 글을 쓸 수 없다. 말하고자 하는 것이 있기 위해서는 많은 책을 읽어야 한다.

읽은 만큼 보이고 보이는 만큼 쓸 수 있기 때문이다. 보이는 만큼 하고 싶은 말이 많아지게될 것이다. 하지만 읽지도 않고, 그래서 아는 것도 적고 눈에 보이는 것도 적은 사람은 하고 싶은 말이 금세 바닥이 나고 만다.

하고 싶은 말이 없는 데도 다른 목적 때문에 글을 쓰고자 한다면 그것은 정말 최악의 상황을 맞이하게 될 것이다. 명심해야 할 것이 하나 있다면 이것이다.

작가가 되기 전에 충분히 충분한 책들을 충분하게 읽어 두는 것이 중요하다는 것이다. 그래서 중국 시성 두보와 추사 김정희 선생이 한 말이 하나도 허투루 하는 말이 아닌 것이다.

중국 최고의 시인으로 시성이라 불렸던 두보(杜甫)는 '만 권의 책을 읽으면 글을 쓰는 것도 신의 경지에 이른다. 독서 파만권 하필 여유신(讀書 破萬卷 下筆 如有神)' 이라고 말한 적이 있다. 그리고 추사 김정희 선생도 ' 가슴 속에 만 권의 책이 들어 있어야 글과 그림이 흘러 넘쳐서 잘 쓸 수 있게 된다' 라고 말했던 것이다.

자기 자신에게 물어보라.

'당신은 꼭~~, 반드시, 죽는 한이 있어도 이 세상을 향해서 외치고 싶은 말, 꼭 하고 싶은 말이 있는가?'

그것이 있는 사람이 작가가 될 수 있다. 작가란 그런 말을 글로 옮겨 쓰는 사람이기 때문이다.

문법, 맞춤법, 띄어쓰기의 덫에서 벗어나라.

처음부터 잘 하는 사람은 없다. 천재들도 처음에는 실수투성이였다. 그것을 알아야 한다. 특히 작가의 세계에서도 그렇다. 10년 혹은 20년 동안 무명작가의 삶을 살았던 거대한 거장들은 셀 수 없이 많다.

그리고 더 중요한 사실은 문법이나 맞춤법, 띄어쓰기에 자신이 너무 취약하다고 처음부터 기죽지 말라는 것이다. 그러한 것들은 결국 계속해서 작가의 삶을 살고, 계속해서 글을 쓰는 삶을 살게 되면 고쳐질 수 있는 문제라는 것이다.

심지어 고처지지 않는 다 해도 그러한 것들이 당신이 작가가 되는 길을 절대 방해할 수 없다는 것을 명심하자.

영국 문학사상 가장 위대한 업적으로 손꼽히는 작품을 집필한 브론테 자매에 대한 이야기를 알게 된다면 이러한 사실에 대해 당신은 이해할 수 있을 것이다.

브론테 자매가 누군가? <제인 에어> <폭풍의 언덕> 등과 같은 영문학의 영원한 고전을 남긴 위대한 거장들이다.

하지만 '될 성 부른 나무는 떡잎부터 안다' 고? 설대 아니다.

작가는 태어나는 것이 아니라 스스로 만들어 나가야 하는 것이다. 브론테 자매는 스스로를 만들어나갔던 거장들이다.

브론테 자매들의 초창기 글쓰기에 대해 말해보면 한 마디로 형편없었던 글쓰기라고 밖에는 달리 할 말이 없음을 알게 된다. 정말이냐고 묻는 다면? 정말 그렇다고 말해 줄 것이다. 사실이기 때문이다.

[탤런트 코드]라는 책의 저자이며 <뉴욕 타임스>의 저명한 저널리스트인 대니얼 코일은 이러한 사실에 대해 잘 설명해 준다. 한 마디로 위대함은 타고 나지 않는 다. 다만 무턱대고 하는 꾸준한 노력보다는 정확하고 심층적인 연습을 통해 성취해 내는 것이라고 말이다.

그는 브론테 자매에 대해서도 똑같은 일이 벌어졌다고 한다. 처음에는 그들이 모두 미숙하고 형편없는 실력의 글쓰기를 했지만, 그들은 위대한 작가가 되었다고 말하면서 그 비밀을 우리에게 알려 준다.

브론테 자매의 초기 글쓰기 실력에 대한 그의 평가를 읽어 보자.

" 전기 작가들은 브론테 자매의 막무가내식 글쓰기, 오싹할 정도로 엉망인 맞춤법, 10대 후반에 쓴 글에서도 찾아볼 수 없는 구두점 등을 그럴듯하게 얼버무린다. 눈에 띄는 미숙한 사고의 흐름과 성격 묘사도 마찬가지다. 초기 작품에 나타나는 이런 요소들 때문에 브론테 자매가 어린 나이에 그처럼 왕성한 문학적 시도를 했다는 사실이 평가절하 되는 것은 아니다. 그러나 그들이 타고난 소설가라는 관점의 근거는 심하게 흔들린다."

(대니얼 코일, 《탤런트 코드》, 웅진지식하우스, p.54)

한 마디로 그들은 타고난 소설가가 아니라는 것이다. 그럼에도 그들이 위대한 작가가 될 수 있었던 비결에 대해 그는 이렇게 설명하고 주장한다.

" 초기 작품의 미숙함은 그들이 궁극적으로 성취한 문학적 위상과 모순되지 않는다. 오히려 그것은 선결 조건이다. 그들은 미숙한 모방으로 시삭했음에도 위대한 작가가 된 것이 아니라, 미숙한 모방에 엄청난 양의 시간과 노력을 기꺼이 쏟아 부었기 때문에 위대한 작가가 될 수 있었다." (대니얼 코일, 《탤런트 코드》, 웅진지식하우스, p.54 ~ 55)

그러므로 그대들이여! 무엇이 두려운가?

문법, 맞춤법, 띄어쓰기에 자신이 없는 사람이라도 일단 책을 쓰라. 아무리 형편없는 책이라도 일단 쓴다는 것은 엄청난 경험을 하는 것이다. 그리고 그러한 경험을 하는 과정을 통해 당신은 당신의 뇌 속에 있는 수백만 개의 뇌세포를 깨우고 움직이게 할 수 있다.

문법, 맞춤법, 띄어쓰기는 결국 작은 도구에 불과하다. 그러한 도구를 잘 사용하지 못 한다고 해서 엄청난 일들을 해 낼 수 있는 연습과 훈련을 하지 않고 시간을 낭비하며 세월을 보낼 것인가?

당신의 인생은 한 번 뿐이다. 연습과 훈련은 많이 할수록 좋다. 그렇기 때문에 지금 당장 쓰기 시작해야 한다. 도구 사용법은 결국 연습하면서 함께 익힐 수 있는 것이다.

20년 동안 쓰레기 같은 글을 쓴 대문호.

당신이 알고 있는 대문호들은 모두 처음부터 글을 잘 썼던 그런 천재들이었을 까? 놀랍게도 20년 동안이나 글을 썼음에도 '쓰레기같은 글' 만 쓴다고 혹평을 받은 그런 20년 동안 무명으로 혹독한 작가 수업을 했던 대문호도 있다는 사실을 알고 있는 가?

필자도 역시 이런 사실을 과거에 처음 접하고 나서 굉장히 큰 충격을 받았다. 정말 대문호였던 그런 사람이 20년 동안 글을 써 왔지만 그럼에도 불구하고 평균적인 수준으로 도약도 하지 못 했기 때문이었다.

그런데 더 놀라운 사실은 한 분야에서 20년을 연습하고 훈련하게 되면 최소한 어느 정도의 성과가 있어야 포기하지 않을 수 있다. 하지만 이 사람은 그럼에도 포기하지 않았다는 사실이 더욱 더 놀라운 사실로 필자에게 다가왔던 것이다.

10년 법칙, 1만 시간의 법칙은 어떤 사람이라도 10년 정도의 시간이나 1만 시간 동안 연습하고 훈련하게 되면 어느 정도의 도약을 경험하게 될 것이라는 법칙이다. 그런데 이러한 10년 법칙도 이 사람에게는 아무 소용이 없는 듯하다.

톨스토이와 함께 19세기 러시아 문학을 대표하는 세계적 대문호인 도스토옙스키가 바로 20년이 넘도록 창작 활동을 해 왔지만, 쓰레기 같은 글을 쓴다고 혹평을 받는 그런 별볼일 없는 작가였던 때가 있었다는 것이다.

' 너저분하게 쌓인 잡동사니 같은 글만 쓴다.'

이 말을 들은 그의 나이는 글을 막 쓰기 시작했던 20대가 아니라 이미 20년 이상 글을 수없이 많이 쓰고 나서인 40대 중반이었다는 사실을 당신은 믿을 수 있는가?

그가 글을 쓰기 시작한 것은 20대 였다. 그가 그의 처녀작인 [가난한 사람들]이란 책을 발표했을 때 그의 나이는 25세 였다. 실제로 그는 이 작품으로 약간 인정을 받았다. 약간 말이다. 하지만 이것이 처음이자 마지막이었다.

그 후 그가 내 놓는 모든 작품들은 주목받지 못했다. 중간에 우여곡절도 있었지만 그는 1분 1초를 아껴가며 글을 쓰고 또 쓰는 사람이었다. 하지만 40대 중반까지 그의 작품들은 크게 성공하지 못 했던 것이다.

그렇지만 그는 포기하지 않고 계속 글을 쓰고 또 쓰면서 40대를 치열하게 보냈다.

그 결과 40대 중반 이후로 그는 세계적인 거작에 속하는 <죄와 벌> <백치> <악령> 등을 거침없이 쏟아냈다. 비로소 그는 세계적인 거장의 반열에 오르게 되었던 것이다.

당신은 20년 동안 글을 썼지만 '쓰레기 같은 글만 쓴다' 고 혹평을 들어도 글쓰는 것을 포기하지 않을 각오가 되어 있는가? 그렇다면 도전하라.

세련된 글이 아닌 당신의 거친 숨소리를 남겨라.

작가는 모름지기 세련된 글이 아닌 자기 자신만의 독특한 거친 숨소리를 책에 남길 수 있어야 한다. 누구나 다 예쁘게 성형 수술을 받아서 성형 미인이 된다면 누가 미스 코리아가 될 것인가?

세련된 것보다 작가는 질박한 자기만의 스타일, 거친 숨소리를 책 속에 담을 수 있는 사람이어야 한다. 이것이 필자의 생각이다.

그래서 말투에 사투리가 섞여 있고, 원석처럼 다듬어지지 않았을 때, 더욱 더 참신할 수 있다.

수많은 책들이 모두 세련된 서울말을 쓴다면 아무도 그런 책들, 수많은 책들 중에 하나에 불과한 책에 눈길조차 주겠는가?

조금은 투박하고 조금은 거칠어도 당신만의 사투리가 섞인 문체는 또 다른 하나의 매력일 수 있고, 무엇보다 차별화가 된다는 점을 명심하라.

좋은 책은 무엇보다 차별화가 되어야 한다. 남다른 차이, 그것이 최고의 경쟁력이라는 생각한다.

하루에도 수 백 권의 책이 출간되는 시대에 당신의 책에 어떤 사람이 눈길을 주겠는가? 독자들을 구걸하기 보다는 독자들이 읽고 싶어서 안달 나게 하는 것이 작가의 최고의 능력인 것이다.

처음에 한 두 권의 책이 어느 정도 독자들에게 읽힌다고 해도 그 다음이 문제다. 그 다음의 책은 첫 번째와 두 번째 책 보다 더 나아야 한다. 그런데 그저 세련된 문체와 편집자의 윤문과 책의 아름다운 디자인과 독자를 사로잡는 책 제목과 같은 것들에 의지해 온 작가는 생명력이 길지 않다는 사실을 명심해야 한다.

하지만 자기 자신만의 사투리가 섞인 자기 자신만의 문체를 가지고 있고, 지기 자신만의 스타일을 가지고 있는 독자는 매니아와 같은 독자층을 작지만 꾸준히 형성해 나갈 수 있게 된다.

결국 이런 작가의 생명력이 길 수밖에 없음을 알아야 한다.

작가가 되고자 하는 당신에게 묻겠다.

'당신은 당신만의 차별성을 가지고 있는가?'

한국사회에는 자기계발서를 쓰는 작가가 되고자 하는

사람들이 의외로 많다. 앞으로는 더 많아질 것이다. 그리고 그 내용이란 것도 자세히 살펴보면 전부다 그 밥에 그 나물이다.

그래서 인문학을 접목시킨 자기계발서나 경영학을 접목시킨 자기계발서가 작년에는 돋보였고, 올해에는 아마도 뇌과학을 접목시킨 자기계발서나 가족애를 접목시킨 자기계발서가 조금 돋보일 수 있을 것이다.

예능의 경우를 보면 이러한 사실을 쉽게 알 수 있다. 예능 프로그램이 너무나 식상해 졌기 때문에 참신한 것을 시청자들은 원한다는 것을 '정글의 법칙' '아빠 어디가' '인간의 조건인' ' 나 혼자 산다' 와 같은 새로운 예능의 대세 프로그램을 보면 쉽게 알 수 있다.

당신이 한 권의 책만을 쓰고자 하는 사람이든, 작가로서의 삶을 앞으로 지속해 나가고 싶은 작가 지망생이든 상관없다. 반드시 명심해야 하는 것은 다른 작가와 확실하게 구별되는 당신만의 차별화를 구축해야 한다는 것이다.

그런 점에서 자기 자신만의 사투리와 문체를 굳이 포기하고 세련된 문체로 바꾸려고 하는 것은 투자하는 노력과 시간에 비해서 얻는 것이 없을 뿐만 아니라 손해일 수 있다는 것을 말해 주는 것이다.

세계적인 경영컨설턴트인 톰 피터스는 자신의 저서 [인재]에서 다음과 같이 말했다.

“(기업, 그리고 당신에게) 차이, 특히 극적인 차이야말로 브랜딩의 전부다. 당신은 어떤 면에서 독특한가? 그걸 찾아내라. 그걸 선전하라. 그걸 키워라.”
_톰 피터스, <인재>, 51쪽

세련되기 보다는 당신만의 거친 숨소리를 세상에 당당히 내 놓을 줄 알아야 한다. 진짜 소중한 것은 바로 당신만이 가지고 있는 그것임을 자각해야 한다.

지식이 아닌 감성으로 작가가 되어야 한다.

작가는 자신이 가진 지식을 타인에게 나누어 주고 소개하기 위해 글을 쓰는 사람이 절대 아니다. 작가는 자신이 살면서 느낀 감정을 세상과 타인에게 표현하기 위해 글을 쓰는 사람이다.

다시 말해, 작가는 자신이 누구인지, 어떤 사람인지를 밝히기 위해 책을 쓰는 사람이다. 그런 점에서 작가가 될 수 있는 사람은 지식이 많은 사람이 아니라 감성이 충만한 사람이다.

"내가 어떤 존재이고 왜 여기 있는지 알지 못한다면 인생을 살아 갈 수 없다."

대문호 톨스토이의 이 말을 작가 지망생들은 명심해야 할 것이다. 자기 자신에 대한 자각과 자신이 왜 여기 있는 지, 자신의 삶의 목적과 소명과 의미는 무엇인지, 이 세상은 왜 누굴 위해서 존재하는 것인지, 인류가 추구해야 할 그 무엇은 무엇인지에 대한 진정한 자각과 사색과 고민이 없는 사람은 작가가 될 수 없다.

그런 점에서 이러한 것들에 대한 추구와 사색은 지식이 아니다. 뜨거운 가슴이고 감성의 영역에 속하는 것이다.

지식을 이미 평준화 되었고, 지식에 열광하는 시대는 지나갔다. 사람들은 지식이 아닌 누군가의 독특한 스토리에 더 열광하는 시대가 되었다. 한 마디로 지식 정보화 사회에서 감성과 창조의 사회로 바뀌고 있다는 말이다.

이런 시대에 지식을 단순히 전달하는 그런 지식 전달자(transfer)는 절대 작가로서 성공할 수 없다. 하지만 반대로 자기 자신만의 독특한 이야기를 발굴하고 가지고 있는 그런 감성 지수가 높은 사람들은 작가로 성공할 수 있다.

이 시대가 원하는 것이 바로 감성과 스토리와 이미지이기 때문이다.

이런 시대에 더욱 더 필요한 것은 바로 우뇌형 인간, 우뇌형 작가이다. 물론 가장 좋은 것은 좌뇌와 우뇌를 균형 있게 사용하는 작가이다. 여기에 대해서는 더 나은 작가가 되기 위한 조언에서 할 것이다.

그렇기 때문에 여기에서는 다만 먼저 우뇌형 작가에 대한 이야기를 하고자 한다.

우리가 살아왔던 지식 정보화 사회는 한 마디로 말해서 좌뇌형 인간, 좌뇌형 작가가 성공하는 사회 구조이고 사회였다.

이 시대에는 똑똑한 사람들, 남들보다 많은 지식을 가지고 있는 학자들, 박사들, 프로페셔널한 사람들이 필요했던 시대였다. 그래서 엄청난 지식과 정보를 가지고 있는 똑똑한 사람들이 작가가 되는 것이 추세였고, 또한 그것이 자연스럽고 쉬웠다.

그래서 작가는 보통 엄청나게 똑똑한 사람들이 하는 것이라는 고정 관념을 가지게 된 것인지도 모른다. 하지만 이제는 엄청난 지식과 정보보다는 감성을 자극해 줄 수 있는 엄청난 스토리와 캐릭터에 열광하는 시대이다.

그래서 개성이 중요하다는 말도 나오게 되었던 것이다. 또한 감정지능을 한 가지 기능인 타인과의 공감 지수와 유머 지수 들이 연봉을 좌우한다는 주장도 나오고, 연구 결과도 나오는 것이다.

감성과 창조의 시대가 되면 될수록, 남과 다른 차이, 개성은 큰 힘이 된다는 것을 알아야 한다.

스페인 광고, 홍보업계의 살아 있는 전설로 커뮤니케이션 혁명을 주도한 세계적인 퍼블리시스트인 호아퀸 로렌테가 한 말을 우리는 기억해야 한다. 그는 자신의 저서인 [생각하라, 생각은 공짜다]란 재미있는 책을 통해 다른 사람과 구별되는 차이가 없는 사람은 앞으로 살아가기 힘들 것이라는 내용을 설파했다. 즉 개성이 없는 사람은 성가신 존재인 파리와 같다고 말했다. 당신이 성가신 존재가 된다면, 당신은 정말 사회의 구성원으로 살아가는 것이 힘들 것이다.

"우리는 혈연이나 동일한 정서로 묶인 관계 속에서만 살아갈 수 없다. 잘 모르는 사람과도 널리 공존해야 한다. 따라서 모든 사람은 각자가 하나의 브랜드다. 우리의 이름은 그런 공동체에 가입했다는 표시다. 그러나 환영받느냐 거부당하느냐는 서로에게 얼마나 이익이 되느냐만이 아니라 어떤 퍼스낼리티를 가지고 있느냐에 따라 결정된다. 개성이 없으면 접촉은 무의미한 것이고 심지어 짜증스러울 수도 있다. 개성이 없는 사람은 성가신 파리나 마찬가지다."

< 호아퀸 로렌테는, <생각하라, 생각은 공짜다>, 205쪽 >

그의 말처럼, 우리가 환영받느냐 거부당하느냐는 얼마나 남들과 차이점을 가지고 있느냐에 의해 결정된다. 그렇기 때문에 차이가 모든 것을 말하는 것이다.

심지어 작가가 되고자 하는 사람은 이 사실을 두세 배 더 명심해야 한다. 작가는 환영받아야만 먹고 살 수 있고, 성공할 수 있는 존재이기도 하다. 남과 다르다는 것은 이제 경쟁력이며, 힘이며, 존재감의 다른 이름이다.

그러므로 당신만의 감성을 가지고, 그것을 개발시키도록 노력해야 한다.

책 한 권 쓴다고 인생이 바뀌지 않는 다.

작가 지망생들은 반드시 명심해야 할 것이 있다. 그것은 바로 '책 한 권 쓴다고 해서 인생이 바뀌지 않는다는 것' 이다.

이것이 절대로 믿기지 않는 다면 이것을 생각해 보면 된다. 학창 시절이나 군대 시절을 생각해 보라.

군대 있을 때는 제대만 하면 세상이 다 내 것이 되는 줄 알았다. 그리고 학창 시절 때 까지는 제대로 돈을 벌지 못 한다. 기껏해야 아르바이트나 과외를 해서 약간의 용돈 정도를 벌 수 있을 뿐이다.

그래서 좋은 회사, 특히 대기업 같은 데 취직을 하게 되면 세상이 달라지고 인생이 바뀌게 될 것이라고 생각한다.

하지만 여기서 중요한 사실은 제대를 해도, 대기업에 취직을 해도, 절대로 인생이 그렇게 많이 바뀌지 않는다는 것이다.

그렇다면 왜 이렇게 뭔가를 했는데도 인생이 바뀌지 않고, 세상이 달라지지 않는 것일까? 최소한 인생 하나는 바뀌어야 하는 것이 아닌가?

하지만 문제는 여전히 당신에게 있다는 사실을 명심하라.

책을 한 권 출간해서 인생이 바뀌는 사람은 책을 출간한 사람들 중에 10% 정도도 안 된다. 그 책이 특별히 엄청나게 많이 팔려서 하루아침에 큰돈을 벌게 되는 경우이거나 그 책 때문에 좋은 평가를 얻어서 차근차근 인지도를 높이고, 작가로서의 명성을 쌓는 경우가 있다.

나머지는 오랜 무명의 작가 생활을 해야 한다. 냉혹하게 들리겠지만 책을 쓰는 작가가 되어 윤택한 삶을 사는 사람은 작가 중에 20% 정도라고 생각하면 거의 맞을 것이다.

독자들의 80%를 차지하는 작가들은 정확히 20%이기 때문이다. 그렇다면 그 이유는 무엇일까? 앞에서도 약간 언급했던 것과 비슷한 맥락의 이야기일 수 있다.

한 마디로 '튀지 않았기 때문'이다.

'이코노미스트'가 구루 중의 구루라고 부르는 톰 피터스는 [톰 피터스 에센셜, 인재]에서 당신 자신만의 특별함을 가진 당신이라는 브랜드를 재창조하지 않으면 죽음뿐이라고 강하게 주장한다. 브랜드유 세상의 법칙은 아무리 이야기를 둘러서 한다고 해도 하나 뿐인 이것이라고 한다.

"튀지 않으면 죽음뿐이다."

그는 우리에게 차이를 추구하라고 강조한다. 그것도 극적이 차이 말이다. 극적인 차이야말로 브랜딩의 전부라고 한다.

"브랜드유 개념을 놀라울 정도로 완벽하게 구현한 집단이 있다. 바로 대학 교수들이다. 일반인은 학문의 최고봉에 있는 학자들이 마케팅의 대가라는 사실을 이해하지 못 한다. 그러나 오늘날의 교수들은 과거처럼 '어리석은 책벌레' 가 아니라 '창조성이 풍부한 모험가' 다.

교수가 충성하는 주된 대상은 미생물학과 재정학, 법학 등 전공 분야다. 그래서 그들은 외부에 내세우는 대학이 아니라 전공이 같은 전 세계 동료 교수들의 공동체에 주로 참여한다. 연구자원을 제시하는 특정 대학에 일정 기간 몸을 담기는 하지만 실험과 보조금, 출판 계약, 심지어 연금을 포함한 나머지 부분에서는 철저히 자율에 의해 움직인다.

단적으로 노벨상을 의미하는 그들의 성공은 '고용주(대학)' 가 아니라 전 세계에 흩어진 동료 집단과의 협력에 달려 있다."

_톰 피터스, <인재>, 36쪽

다시 말해 당신이 작가가 되고, 책을 출간해서 인생이 바뀌고 싶다면 반드시 해야 하는 것이 바로 당신 자신을 하나의 브랜드로 만들어야 한다는 것이다. 그리고 그렇게 하기 위해 가장 먼저 해야 하는 것이 당신을 특별한 존재, 극적인 차이가 있는 존재로 만들어야 한다는 것이다.

작가가 된다는 것이 최고의 브랜딩이라는 사실에 대해서는 다음 장에서 좀 더 깊이 있게 말을 하려고 한다.

작가는 세상 밖에서 사는 외로운 사람이다.

필자는 작가로서의 삶, 사실은 한 번도 나 자신을 작가라고 생각해 보지는 않았지만, 어쨌든 글을 쓰면서 먹고 사는 현재의 삶에 대해서 한 번도 후회를 해 보지 않았다. 다시 말해 최고의 만족을 누리며 살고 있다.

과거 대기업에 취직을 해서 11년 동안 살면서 엄청난 후회와 실망을 한 것과 비교하면, 작가로서의 삶에 어쩌면 가장 큰 만족을 하는 사람이 바로 나일 것이다.

하지만 나는 작가는 고독을 즐길 줄 알아야 하는 사람이라고 생각한다.

필자가 지금 책을 쓰는 작가가 될 수 있었던 것은 3년 동안의 절대 고독 속에서 그러한 삶을 즐길 수 있었기 때문이라고 생각한다.

그러한 창조적 고독, 능동적인 고독은 너무나 많은 것들을 사색의 세계로 몰아넣어 준다. 그래서 과거에는, 바쁘게 회사 생활을 할 때는 절대로 생각하지 못 하는 그런 사고의 세상으로 나를 이끌어 주고, 그런 세상에서 신나게 뛰어 놀면서 더 큰 세상을 살 수 있게 해 주었던 것이다.

싫든 좋든 작가는 세상과 어느 정도의 거리를 두어야 한다. 그래야 세상이 제대로 보이기 때문이다.

" 나는 작가다. 작가는 많은 시간을 홀로 글을 쓰는 데 보낸다. 또한 사회라는 틀 속에서 예술가로 살아가야 한다는 사실이 우리를 더욱 외롭게 만들기도 한다. 모두가 아침이면 일터로 향하거나 각자의 일을 하기 위해 분주하다. 예술가는 제도가 만들어 낸 사회의 바깥에서 살고 있다." < 나탈리 골드버그, [뼛속까지 내려가서 써라], 169쪽 >

작가는 세상이 보는 시선으로 평가할 때 외로운 사람들이다. 혼자 있어야 할 시간이 절대적으로 필요하기 때문이다. 글을 쓸 때는 완벽하게 혼자 여야 하기 때문이다. 작가이면서 혼자 있어야 할 필요성을 한 번도 느껴보지 못 한 사람이 과연 있을 까?

작가는 이 세상 속에서 살면서도 세상 밖에서 사는 것처럼 절대 고독 속으로 자신을 내몰아가야 한다. 그럴 때 더 크고 놀라운 세상을 경험할 수 있다. 그런 경험이 있어야 좋은 책도 쓸 수 있게 된다고 생각한다.

필자가 좋아하는 것은 창조적 고독, 능동적 고독이다.

고독하게 자신을 만들지 않고서는 절대 좋은 사색, 깊은

사색, 깊은 성찰, 깊은 사고를 할 수 없기 때문이라고 필자는 생각한다.

왜! 수많은 사람이 뭔가를 하기 위해서는 세상과 단절하고 산속으로 들어가거나 고시원에 들어가거나 골방에 틀어박혀 두문불출하면서 뭔가를 하는 이유가 무엇인지를 곰곰이 생각해 볼 필요가 있다.

작가는 어떤 면에서 바로 이런 사람들이 되어야 한다. 주위 사람들과 하루 종일 어울리면서 이런 저런 얘기를 쏟아 내는 것은 결코 바람직하지 않다.

스스로 고독을 즐기며 창조적 고독에 삶을 맡길 줄 아는 그런 사람이 되어야 할 것이다.

다시 말해 작가는 세상에서 살고 있지만, 세상에서 살고 있는 사람들과 조금은 다른 부류의 인간이라고 할 수 있다. 세상에서 살고 있지만, 세상 밖에서 사는 사람이기 때문이다. 최소한 글을 쓰는 그 시간만큼은 그렇다고 할 수 있다.

그렇기 때문에 작가가 화려한 직업이라고 생각해서는 안 된다. 작가는 화려하지도, 눈부시지도, 주목받지도 못하는 그러한 변방의 직업이라고 생각해야 한다.

물론 1%의 작가들이 자신의 작가 생활 중에서 1%의 기간동안 세상의 주목을 받고, 화려하고 눈부신 시간을 보내기도 한다. 하지만 명심하라. 그것은 1%의 작가들의 삶이다. 그리고 1%의 작가들조차 작가 생활 중에 1%만 그런 시간을 보낸다는 것도 명심하라.

한 마디로 작가는 외롭고 고독한 자기 자신과의 싸움을 처절하게 하면서 보내야 하는 그런 외로운 사람들이다.

모든 훌륭한 작가들의 초고는 조잡하다.

작가의 허상에 대해서 당신이 명심해야 할 한 가지 사항이 더 있다. 그것은 매우 중요한 사실이기도 하다. 모든 천재들과 모든 훌륭한 작가들의 첫 작품은 매우 조잡하고 형편없는 쓰레기 같은 것들이라는 사실이다.

다시 말해, 모든 훌륭한 작가들의 초고는 매우 조잡하기 이를 데 없다는 것이다. 즉 우리가 알고 있는 그 어떤 거장들도 매우 어설픈 초고를 작성한다는 것이다. 이것은 당신과 나나 우리와 다를 바 없다는 것이다.

이러한 황당한 사실은 우리가 알고 있는 천재들에 대한 허상과도 다르지 않다. 당신은 '음악의 신동'인 모차르트가 처음부터 세계적인 걸작을 마구 쏟아냈던 그런 진짜 천재라고 생각하는 가?

물론 그는 어쨌든 세계적인 작품을 쏟아냈다. 하지만 그 때는 이미 그가 수 십 년 동안 수 백 곡 이상의 곡들을 작곡하면서 엄청난 연습과 훈련을 통해 자신을 성장시킨 후라는 사실을 알아야 한다.

이런 사실을 잘 알 수 있게 해 주는 것은 그의 작품 번호에 매겨진 작품 번호, 즉 쾨헬 번호를 통해 쉽게 알 수 있다. 그의 대표작품을 보면, 교향곡 제40번 g단조 K.550,

교향곡 제41번 C장조 〈주피터〉 K.551, 아이네 클라이네 나흐트 무지크 K.525, 레퀴엠 d단조 K.626, 피가로의 결혼 K.492, 마술피리 K.620, 돈 지오바니 K.527, 피아노 협주곡 제20번 d단조 K.466, 피아노 협주곡 제21번 C장조 K.467, 봄노래(봄을 기다림) F장조, K.596 등이 있는데 대부분 작품의 쾨헬 번호가 400에서 500 이후라는 사실을 알 수 있다.

이 쾨헬 번호는 그가 작곡한 순서대로 번호가 붙는 것이다. 그러므로 이 번호는 그가 이미 400곡 이상의 곡을 작곡한 이후에 나온 곡들이 모두 위대한 작품이 되었다는 사실을 잘 말해 주고 있는 것이다.

뿐만 아니라 이 사실보다 더욱더 그가 천재가 아니라는 사실을 말해주는 책도 있따. [우리 안의 천재성]이라는 책의 저자인 데이비드 셍크이다. 그는 모차르트의 초기 작품에 대해 한 마디로 평범했다고 말한다. 이렇게 말이다.

" 매우 어린 나이에 작곡을 시도한 것은 대단하지만 어린 아마데우스(모차르트)가 발표한 초기 작품들은 전혀 비범하지 않았다. 사실상, 그의 초기 작품은 단지 다른 유명 작곡가들의 모사에 불과했다. 11세부터 16세까지 작곡한 초기 일곱 개의 피아노 콘체르토 작품들은 "독창성이 거의 없고, 심지어 모차르트가 썼다고 하기도 민망하다.” 라고 템플 대학의 로버트 와이즈버그는 말했다. 본질적으로 모차르트는 피아노와 다른 악기로 연주하기 위해 다른 이들의 작품을 편곡한 것에 불과하다. “

< 데이비드 셍크, 《우리 안의 천재성》,
한국방송출판, p.89>

이것은 위대한 작가들의 경우에도 전혀 다르지 않는다. 어떤 위대한 문호는 초고를 작성하여 자신의 아내에게 보여 주었더니, 너무 형편없다고 한 마디로 평가했다는 것이다. 믿을 수 있겠는가? 하지만 그런 형편없는 초고가 다듬어지면서 위대한 작품으로 거듭나게 되는 것이다.

그래서 헤밍웨이의 ‘노인과 바다’ 는 무려 200번 이상이나 고쳐지고 다시 써졌던 것이다. 필자와 같은 생각을 하고 있는 다른 작가의 말을 들어 보자.

“ 이제 짧은 글 한 편 쓰기보다 실질적으로 훨씬 디 효과적인 아이디어를 소개하겠다. 그것은 바로 ‘조잡한 초고’ 라는 개념이다. 모든 훌륭한 작가들이 그런 초고를 쓴다. 이것은 그들이 훌륭한 두 번째 원고를 완성한 다음 완벽한 세 번째 원고를 쓸 수 있도록 이끄는 비결이다. 사람들은 성공한 작가들, 즉 책을 출판하는 일로 경제적인 안정을 얻은 작가들을 바라볼 때 그들이 매일 아침 백만장자처럼 느끼면서 자기 작업대에 앉아 있을 거라고 생각하는 경향이 있다. 그리고 자신감이 넘치며, 자신의 재능과 자기가 쓰게 될 위대한 이야기에 대해 자부심을 느낄 거라고 생각한다. 그들은 한두 번 심호흡을 한 다음, 옷소매를 걷어붙이고, 목 근육이 풀리도록 목을 몇 번 돌린 다음, 펜을 들자마자 법원의 속기사처럼 재빨리 완성된 형태의 단락을 타이핑할 것이라고 말이다. 그러나 이것은 미경험자의 환상일 뿐이다."

< 앤 라모트, [글쓰기 수업], 65 쪽 >

자! 이제 알겠는가? 모든 천재들도 처음부터 천재가 아니었다. 그리고 모든 위대한 거장들과 위대한 문호들도, 심지어 현대의 훌륭한 작가들도 조잡한 원고를 쓴다는 것이다. 다만 그들이 작가 지망생들과 다른 이유는 한 가지이다.

더 많이 쓰고 더 많이 노력하고 더 많이 다듬고 더 많이 읽어 보고, 더 많이 시간과 노력과 에너지를 투자한다는 것이다.

자, 모든 훌륭한 작가들의 초고는 조잡하다. 그러므로 당신은 두려워할 것이 없다. 당신이나 훌륭한 작가들이나 매 한 가지이다. 다만 그 차이를 만드는 1%의 노력을 무시해서는 안 된다.

올림픽의 메달 색깔을 결정짓는 것은 0.1 초면 충분하기 때문이다.

" 나는 작가다. 작가는 많은 시간을 홀로 글을 쓰는 데 보낸다. 또한 사회라는 틀 속에서 예술가로 살아가야 한다는 사실이 우리를 더욱 외롭게 만들기도 한다. 모두가 아침이면 일터로 향하거나 각자의 일을 하기 위해 분주하다. 예술가는 제도가 만들어 낸 사회의 바깥에서 살고 있나."   < 나탈리 골드버그, [뼛속까지 내려가서 써라], 169쪽 >

제3장. 세 번째 멘토링 _ 작가는 유일무이한 존재여야 한다. _ 리마커블하라.

"누구나 글을 쓸 수 있고, 누구나 작가가 될 수 있다."

< 로버타 진 브라이언트, >

작가는 인생을 두 번 살아가는 사람이다.

“ 작가는 인생을 두 배로 살아가는 사람이다. 먼저 첫 번째 인생이 있다. 길에서 만나는 여느 사람들처럼, 건널목을 건너고 아침에 출근하기 위해 넥타이를 매는 그런 일상생활이다. 하지만 이들에게는 생활의 또 다른 부분이 있다. 모든 것을 다시 곱씹는 두 번째 인생이다. 이들은 글을 쓰기 위해 자리에 앉을 때마다 자신의 인생을 다시 들여다보고 그 모습을 면밀하게 음미한다. 삶을 이루고 있는 재질과 세부 사항을 들여다본다.” < 나탈리 골드버그, [뼛속까지 내려가서 써라], 91쪽 >

이 말처럼 작가는 인생을 두 번 살아가는 사람이다. 아니 세 번 혹은 네 번 살아가는 사람이 비로 작가이다. 모든 것을 다시 곱씹는 과정에서 위대한 작품이 탄생하기 때문이다.

[사기]라는 작품을 쓴 사마천은 진짜 인생을 두 번 살았던 사람일 것이다. 궁형을 당하기 전의 삶과 오직 집필에만 몰두하고 모든 희망과 삶의 기쁨이 사라진 궁형을 당한 후의 삶으로 나누어 질 것이다.

그는 나이 47살에 적에게 투항한 이능 장군을 홀로 변호하다가 미움을 받아 사형 선고를 받게 되었다. 그는 그 당시 사람이 당하는 모욕 가운데 가장 심한 형벌이라고 하는 부형(腐刑)이라 불리는 궁형을 당하게 되었던 것이다.

이 경우에 세 가지 선택을 할 수 있다. 돈이 많은 부자들은 돈 오십만 냥을 내고 감형을 받을 수 있고, 아니면 스스로 죽음을 선택해서 모욕을 덜 당하는 것이다. 이 당시에 궁형을 받은 사람들이 돈 오십만 냥을 낼 형편이 안 되면, 스스로 죽음을 선택하는 것이 일반적인 경우였다.

그것이 덜 치욕스러운 것이기 때문이다. 궁형을 당하는 것은 인간으로서 최대의 치욕이기 때문이다. 하지만 사마천은 돈 오십만 냥이 없었고, 그렇다고 쉽게 죽음을 선택할 수도 없었다. 그에게는 사명이 있었기 때문이다.

궁형을 당한 이 후 그는 더 이상의 예전의 사마천이 아니었다. 그는 자신의 고통과 아픔과 분노와 울분과 수치와 모욕을 온 몸으로 다 안고서 인간 군상들의 삶을 통찰하는 중국 최고의 역사서인 [사기]를 집필한 위대한 역사가가 되었던 것이다.

사마천은 궁형을 당한 이후의 삶에 대해서 구구절절 자신의 아픔과 수치와 모욕과 고통에 대해 토로하는 글을 쓴 후 친구에게 보낸 적이 있다. 그 구절을 보면 정말 인간은 두 번 혹은 세 번이라도 전혀 다른 삶을 살아갈 수 있는 존재라는 사실을 깨닫게 된다.

이렇게 두 번의 전혀 다른 인생을 살게 된 작가는 사마천 뿐만이 아니다. 서양에서 가장 많이 읽혔던 책인 [성서]라면, 두 번째로 많이 읽혔던 책이 있다. 바로 6세기경에 보에티우스가 집필했던 [철학의 위안]이란 책이다.

이 책은 자기계발서 분야에서뿐만 아니라 세계적인 거장들에게 많은 영감을 준 책이며, 오랫동안 많은 대중을 계몽시킨 위대한 책이 되었다. 이 책을 통해 영감을 받은 거장들은 단테와 초서, 아퀴나스 등 수없이 많다. 이 책은 지금까지 나온 책 중에서 행복의 본질에 대한 가장 심오한 책이라고 필자는 평가 하고 싶다.

이 책을 집필한 보에티우스는 전혀 다른 인생을 만났고, 쓟은 두 번쌔 인생, 즉 전혀 다른 인생을 통해서 이 책을 집필했다. 그의 삶에 대해 간략하게 설명해 보겠다.

보에티우스(Boethius)는 로마의 귀족 가문에서 태어나, 문학, 철학, 산술학, 기하학, 음악, 천문학 등 다방면의 공부를 한 인물이며, 그 당시 상당한 특권층의 인물이었다. 그는 정치가이면서 철학자이면서 신학자였다.

한 마디로 좋은 집안에서 태어나 엘리트 교육을 받았고 젊은 나이에 일찍 부와 명예와 성공을 이룩한 그런 인물이었다.

로마의 최고 교육을 받은 그는 20대 후반의 젊은 나이에 집정관에 임명되기 까지 했다. 그리고 그는 로마 원로원과 사회의 중심인물이었을 뿐만 아니라 존경받는 학자였다.

로마제국이 기독교국 시대로 접어들었지만, 보에티우스는 그대로 자신의 사회적 지위를 그대로 유지할 수 있었고, 최고 행정사법관이 되기도 하였다. 즉 그의 삶은 너무나 화려하기 까지 하다.

하지만 그는 지금까지 살아왔던 눈부시고 화려했던 그런 삶과 전혀 다른 짧지만 다른 인생을 감방에서 살게 되는 운명을 맞이하게 되었던 것이다. 로마제국의 급변하는 회오리 속에서, 왕실의 음모로 반역죄를 뒤집어썼고, 결국 그는 사형 선고를 받게 되어, 사형수가 되어 세상의 모든 것을 잃고 홀로 감옥에서 사형 집행만을 기다리며 살아가야 하는 어처구니 없는 제 2의 인생을 살아가야 했던 것이다.

좋은 집안과 좋은 교육, 그리고 좋은 권력, 좋은 평판까지 받은 그는 그야말로 모든 것을 누리던 사람이었으나, 하루아침에 그의 삶은 자신의 실수가 아닌, 타인의 음모로 인해, 완전히 몰락하게 되었다.

하루아침에 타인의 음모에 의해서 천국에서 지옥으

로, 최고의 삶에서 최악의 밑바닥 삶을 살게 된 그는 죽음에 대한 두려움과 삶에 대한 절망과 세상에 대한 분노로 가득 찬 독방의 사형수 보에티우스가 되어 전혀 다른 또 다른 인생을 살아가게 되었던 것이다.

이런 제 2의 인생을 살게 되면서 그는 위대한 책을 집필하는 작가로 변신하게 되었던 것이다.

생각해보라. 누구보다 더 화려한 삶을 살았던 최고의 가문, 최고의 교육, 최고의 직위, 최고의 부를 누렸던 사람이 하루아침에 모든 것을 잃고 그것도 사형수가 되어 죽을 날만 기다리며 자유도 빼앗긴 채 감옥에 갇혀 영원히 그 감옥을 살아서 나올 수 없게 되는 그런 최악의 인생을 살게 되는 그런 상황을 말이다.

그럴 때 보에티우스는 누구보다도 더 간절히 자신의 인생을 곱씹어 보았을 것이다. 그리고 그렇게 깊은 성찰과 사색을 통해 그는 최고의 작가로 자신이 거듭나고 있음을 깨닫게 되었을 것이다.

사마천이나 보에티우스와 같이 극적으로 제 2 의 인생을 살아가게 되는 사람들은 많지 않다.
그렇기 때문에 당신은 스스로 능동적으로 제 2의 인생을 살아가기 위해 노력해야 하고 무엇인가에 도전해야 한다.

구본형 작가나 공병호 작가들은 모두 제 2의 인생을 살아가고 있다. 그들이 작가로서 수많은 책을 집필하고 책을 출간하며 살아갈 수 있었던 단 한 가지 이유는 평범한 직장인의 삶에서 뛰어내렸기 때문이다.

그들은 모두 제 2의 인생을 용감하게 선택했고, 그로 인해 자신의 인생을 천천히 깊게 곱씨어 보면서 작가로서의 삶인 제 2의 인생을 살아갈 수 있게 되었던 것이다.

작가는 반드시 제2의 인생을 살아야 한다. 이전에 했던 직업을 그대로 가지고 있고, 그 일을 하는 사람이더라도 글을 쓰는 순간은 또 다른 인생, 또 다른 세계에서 살아가야 한다. 그것이 바로 작가의 숨겨진 비밀인 것이다.

작가는 이 시대 최고의 퍼스널 브랜딩이다.

퍼스널 브랜딩을 아는가? 특히 21세기와 같은 무한경쟁의 시대에 당신의 경쟁력은 무엇인가?

'마케팅의 아버지' 라 불리는 세계적인 마케팅의 대가인 필립 코틀러는 자신의 저서를 통해 퍼스널 브랜드를 구축하는 것이 무엇보다 중요하다는 사실에 대해 명확한 설명을 해 놓았다.

" 사람들은 저마다 성향이 다르고, 개인의 브랜드화를 의식하든 않든 간에 개인이 속한 사회적, 직업적 집단 내에서 각자 자신의 이미지를 형성한다. 반면에 퍼스널 브랜드를 의식적으로 구축하는 사람들이 갈수록 늘고 있다. 영업사원들은 연봉을 올리고 조직 내에서 인정받기 위해 교수들은 전문 이론을 개발하여 유명세를 얻고 기업에 자문해주어 고소득을 올리기 위해, 가수들은 참신한 패션과 스타일을 갖춤으로써 수많은 경쟁자들 틈에서 돋보이고자 각자 자신만의 퍼스널 브랜드를 구축한다. 차별화된 브랜드 구축에 성공한 이들은 대중의 머릿속에 깊이 인식되어 시장에서 장기간 우위를 점하는데 성공한다. 그리고 분명히 그 이름값에 상응하는 물질적 혜택도 얻는다." < 필립 코틀러, [퍼스널 마케팅], 29쪽 >

이러한 경향은 일반인에게도 그대로 적용이 된다. 타인

의 관심을 끌 수 있는 독특한 스토리나 아이디어가 담긴 책을 쓴 저자가 되면, 퍼스널 브랜드를 구축하기 시작하게 된다.

조금씩 독자들이 알게 되고, 회자 되게 된다. 조금씩 언론에도 노출이 되고, 그로 인해 하나의 브랜드가 생겨나게 되는 것이다.

공병호, 구본형, 이런 이름들이 그런 경우의 대표적인 경우라고 할 수 있다. 이 두 사람 모두 평범한 직장 생활을 했던 직장인들이었다는 사실을 명심하라. 이들은 40대가 되어 글을 쓰기 시작했고, 자신의 이름으로 된 책을 세상에 내 놓으면서 퍼스널 브랜드를 구축하기 시작했다는 것이다.

그래서 지금의 그들이 존재할 수 있게 되었던 것이다. 책이 마법을 부린 것이 아니라 책이 퍼스널 브랜딩을 구축할 수 있는 상황을 만들어 주었던 것이다.

‘앞으로 개인의 브랜드가 점점 중요해지게 되면 자신의 이름으로 자신의 경험을 포장하여 책을 내는 것처럼 효과 있는 일도 드물 것이다.’ 라고 공병호 소장은 [핵심만 골라 읽는 실용독서의 기술]이란 책에서 말했던 적이 있다.

이 말처럼 공병호 소장은 효과적으로 자신의 경험을 잘 포장하여 책으로 출간했고, 그 후로도 다양한 책들을 쏟아냄으로써 확고한 퍼스널 브랜딩을 구축한 대한민국 대표 1인 기업가가 될 수 있었다.

방송 PD 들의 능력은 얼마나 유능한 게스트를 초청하느냐에 따라 크게 나눠질 수 있다고 한다. 그런데 그들은 게스트 섭외를 할 때 해외유명대학의 박사학위와 같은 허울보다는 현재 의 당신을 말해 줄 수 있는 당신의 이름으로 낸 책 한권을 더 중요하게 여긴다고 한다.

또한 그 분야를 함께 전공하여 비슷한 분야의 박사학위를 가진 사람들은 사실상 너무 많다. 그래서 누가 얼마나 실력을 가지고 있는 지는 제대로 평가할 방법이 없다. 그 때 가장 쉬우면서도 정확한 방법은 그 분야에 관한 책을 출간한 경험이 있는 사람을 선택하는 방법이다.

특히 그 책이 대중들에게 큰 호감을 얻고 좋은 반응을 얻었다면 이것은 거의 100% 작가의 실력을 확신할 수 있다. 대중들은 생각보다 정확하고 영리하기 때문이다.

명심하자. 최고의 퍼스널 브랜딩은 자기 이름으로 된 책 한 권을 출간하는 것이다. 물론 책의 내용이나 질이 어느 정도 이상이어야 효과가 있다는 사실도 함께 명심해 주기를 바란다.

글쓰기는 글쓰기를 통해서만 배울 수 있다.

나탈리 골드버그는 자신의 책 [뼛속까지 내려가서 써라]를 통해서 글쓰기를 배운답시고 글쓰기 학원을 다니고, 문학 강의를 듣고, 대가들을 만나러 다니는 것에 대해 찬성하지 않았다.

"만약 장편을 쓰고 싶다면 장편을 써라. 쓰고 싶은 글이 에세이거나 단편이라면, 그렇게 쓰면 된다. 장르에 상관없이 원하는 글을 써 보는 과정에서 그 장르가 가지는 특성을 배우게 된다. 당신은 점점 자기만의 기술과 기법을 만들어가고 있다는 확신을 가지게 될 것이다.

하지만 바람직하지 않은 정신 자세로 글쓰기를 시작하는 사람들이 많다. 글쓰기를 배운답시고 쓸데없이 대가들과 문학 강의를 좇아 철새처럼 옮겨 다니는 사람들이다. 하지만 진실은 아주 간단하다. 글쓰기는 글쓰기를 통해서만 배울 수 있다는 사실이다. 자신의 바깥에서는 어떤 배움의 길도 없다. 당신이 훌륭한 대가를 열 사람이나 만난다 하더라도 그것으로는 글쓰기를 배우지 못한다. " < 나탈리 골드버그, [뼛속까지 내려가서 써라], 63 ~ 64쪽 >

작가가 되고자 하는 작가 지망생들에게 꼭 해 주고 싶은 말들이 너무나 많다. 하지만 그 중에서도 가장 해 주고 싶은 말은 바로 이 말이다.

트위터나 페이스북을 통해 필자의 책을 읽고 자신도 작가가 되겠다고 하는 사람들이 종종 있다. 그런데 그런 사람들은 이상하게도 자꾸 필자를 꼭 만나보고 싶다는 것이다. 5분이나 10분도 좋으니, 꼭 한 번 만나서 얘기를 나누어 보고 싶다는 것이다.

물론 누군가를 직접 만나서 얘기를 나누면 더 많은 것을 배울 수도 있고, 알 수도 있게 된다. 하지만 꼭 직접 만나야 뭔가가 되는 것은 절대 아니다.

물론 스티브잡스도 "내 모든 기술을 바꿔 소크라테스와 오후를 함께 보내고 싶다" (2001년 뉴스위크) 이런 말을 한 적이 있다. 그리고 진시황도 한비자의 책을 읽고 한비자를 만나고 싶어 했다.

이렇게 누군가를 직접 만나서 교류를 갖는 것이 절대 나쁜 것은 아니다. 하지만 결과적으로 보면 시간과 노력과 에너지를 낭비하는 것이 아닌가하는 생각이 든다.

그 시간과 노력과 에너지를 글쓰기에 더 집중하는 것이 무엇보다 더 중요하다는 필자는 생각하기 때문이다.

세상은 정직하고 공평하고 정확하다. 당신이 훌륭한 작가가 되고 싶다면 삶을 단순하게 만들어야 한다. 당신이 훌륭한 작가의 삶을 살 수 있는 지 아닌지? 그것을 결정짓는 것은 당신의 인맥이 얼마나 화려한 것인지 아닌지가 아니다.

당신이 얼마나 훌륭한 작가인지를 결정짓는 것은 당신이 얼마나 글쓰기에 많은 시간을 투자하고, 다른 것들에 곁눈질도 하지 않는 가 하는 것이다.

글쓰기는 글쓰기를 통해서만 발전할 수 있기 때문이다. 글쓰기는 글쓰기를 통해서만 배울 수 있는 유일한 것이다. 그리고 그것만이 유일한 방법이다. 다시 말해서, 글쓰기를 배우기 위해서 글쓰기 강좌에 가는 것, 작가들을 만나서 조언을 받는 것, 글쓰기를 위해서 학교에 입학하는 것 등은 모두 최선이 아니라 차선이라는 것이다.

글쓰기를 배우는 최선은 글을 쓰는 것이다. 그것이 혼자서 힘들 때 차선책을 강구하고 차선의 방법을 선택해야 한다. 최선책을 시도도 하지 않고, 노력도 하지 않고, 처음부터 차선책을 선택하는 것은 어리석은 짓이다.

글쓰기에 대한 부담을 버려라.

'무조건 쓰라. 기를 꺾는 내면의, 혹은 외부의 어떤 말도 무시하라. 끈질기면 항상 얻는 게 있다.' < 로버타 진 브라이언트, [누구나 글을 잘 쓸 수 있다], 138쪽 >

로버타 진 브라이언트는 필자와 매우 통하는 면이 많은 작가인 것 같다. 이런 작가의 책을 읽으면 너무나 기분이 좋아진다. 마치 자기 자신의 마음을 이해해 주는 그런 자신과 비슷한 생각, 비슷한 형편, 비슷한 경험을 가진 이를 만난 것 같고, 오랜 친구를 만난 것 같기 때문이다.

글쓰기를 원하고, 작가가 되고자 하는 작가 지망생들에게 꼭 해 주고 싶은 말은 무조건 쓰라는 것이다.

제발 무조건 쓰라. 작가는 거창한 그 어떤 것도, 위대한 영웅들만 하는 것도, 천재들만 해야 하는 것도 아닌, 사실은 아무것도 아니다.

작가는 그저 글을 쓰는 사람일 뿐이다. 천재도, 영웅도, 석학도, 박사도 아니다. 그저 글을 쓰는 사람이 작가인 것이다. 작가가 되기 위해 그 어떤 학벌도, 그 어떤 자격도 필요 없다.

뿐만 아니라 당신이 쓴 글에 대해서 누가 점수를 매기는 것도 아니다. 점수를 매긴다고 해도 그 점수가 당신의 모든 것을 대변할 수는 없다. 그리고 그 점수는 누군가에 의해 매겨진 것이므로 그 점수가 그 글에 대한 정확한 평가일수도 없다.

더 중요한 사실은 최악의 점수를 받는 다 해도 글을 쓴 것 만해도 당신은 성공이다. 왜냐하면 당신의 글은 차츰차츰 하루하루 향상될 것이 분명하기 때문이다.

더 중요한 사실은 세계적인 거장들의 초창기 때 글은 당신의 글보다 더 형편없다는 사실을 알아야 한다. 그리고 처음에는 형편없던 사람들이 하루가 다르게 성장해 가는 것보다 더 아름다운 것이 이 세상에 또 있을 까?

그러므로 당신이 해야 할 가장 첫 번째 일은 글쓰기에 대해 부담을 떨쳐 버리는 것이다. 글쓰기에 대해서 부담을 가지지 않는 방법 중에 하나를 소개 해 주겠다.

첫 번째 방법은 글쓰기에 미치는 방법이다. 글쓰기에 미치게 되면 부담감을 가질 여유도, 기회도, 감정도 허락되지 않는 다. 그저 미칠 뿐이기 때문이다. 그리고 이런 사람들이 위대한 예술가가 되고, 거장이 되는 경우가 많다. 그리고 그 이유는 미칠 때 무엇인가를 이룰 수 있는 초능력을 발휘하기 때문이다.

두 번째 방법은 글쓰기를 어린아이가 놀이터에서 노는 것과 같은 놀이라고 생각해 보는 것이다. 글쓰기를 하나의 게임처럼 하게 되면 부담감을 느끼기 보다는 스릴을 느끼게 되기 때문이다.

전자오락 게임을 하면서 부담감 때문에 게임을 포기하는 사람은 한 명도 없다. 당신도 글쓰기를 게임처럼, 놀이처럼 즐기고 그렇게 생각하면 글쓰기의 부담감을 없앨 수 있게 될 것이다.

필자의 경우는 글쓰기에 대한 부담감을 버리기 위해 이런 방법들을 쓰지는 않았다. 이상하게 들릴지도 모르지만 필자는 글쓰기에 대한 부담감을 느낄 겨를도 없이 그저 글쓰기의 매력에 빠져서, 글쓰기에 미친 사람이다.

그래서 저자 소개에도 보면 어떤 책에는 글 쓰는 것이 마치 어린 아이가 놀이터에서 노는 것과 같다는 말을 한 적이 있는데 정말 그렇다고 할 수 있을 정도로 필자는 글쓰기는 놀이처럼, 게임처럼 생각한다.

그리고 그렇게 생각하고자 해서 그렇게 생각하는 것이 아니라 실제로 게임을 하듯, 식사도 건너뛰고, 화장실 가는 것도 힘겹게(?) 참으며 글을 신들린 것처럼 쓰고 또 쓴다.

그래서 필자가 글을 쓰는 것을 본 사람들은 모두 이런 말을 하기도 한다.

'마치 신들린 사람처럼 보인다.'
'신들린 사람 같다.'

그래서 이것이 필자의 별명이 되어 버리기도 했다. 명심하라. 어린아이들은 놀이터에서 놀기 전에 놀이에 대한 부담감을 느끼지 않는 다. 그저 즐기고 재미있게 놀 뿐이다. 글쓰기도 그렇게 할 수 있는 것이 되어야 한다.

당신이 즐겨야 독자들도 즐겁다.

몽상가는 꿈을 꾸고 작가는 글을 쓴다.

“ 몽상가는 꿈을 꾸고 작가는 글을 쓴다. 글쓰기를 꿈꾸는 것은 글을 쓰는 게 아니다. 글쓰기를 생각하는 것도 글을 쓰는 것이 아니다. 멋진 스토리 아이디어를 떠올리고 흥분하거나, 머릿속으로 책을 몇 권씩 구상하거나, 글쓰기에 대한 무수한 책을 읽는 것, 그 어떤 것도 글쓰기 행위가 아니다.” < 로버타 진 브라이언트, [누구나 글을 잘 쓸 수 있다], 27쪽 >

” 최초의 한 문장을 쓰고, 또 한 문장을 보태는 것, 혹은 그저 최초의 낱말 하나를 쓰고, 새로 낱말을 하나 더 보태는 것, 이것이 바로 글쓰기이다. “ < 로버타 진 브라이언트, [누구나 글을 잘 쓸 수 있다], 27쪽 >

20년 동안 수천 명의 작가 지망생은 물론이고, 한계에 부딪친 작가까지 가르쳐온 작가 로버타 진 브라이언트는 자신의 저서인 [누구나 글을 잘 쓸 수 있다]란 책을 통해 자신의 책의 제목처럼 ‘누구나 작가가 될 수 있다’고 주장하고 있다.

그가 말하는 글쓰기 제 1 법칙은 한 마디로 ‘글을 쓰는 것’이다. 즉 글쓰는 것을 행동으로 보여주는 것이다. 생각하는 것이나 아이디어를 떠올리는 것은 물론이고 책을 구상하거나 책을 읽는 것은 그 어떤 것도 글쓰기 행위가 아니라고 말한다.

한 마디로 글쓰기는 글쓰기를 통해서만 이루어지는 것이고, 향상될 수 있다는 것이 그의 지론인 것이다.

그렇다. 한 마디로 글쓰기는 행동이다. 작가는 단지 글을 쓰는 사람일 뿐이다. 좀 더 열정적으로 쓰고, 좀 더 많이 쓰고, 좀 더 재미있게 쓰고, 좀 더 정직하게 쓰는 사람일 뿐이다.

몽상가는 절대 작가가 아니다. 하지만 작가는 몽상가일 수 있다. 하지만 그 차이는 명확하다. 몽상가는 꿈만 꾼다는 것이고, 작가는 꿈도 꿀 수 있지만, 무엇보다 글을 쓴다는 것이다.

이것이 작가와 몽상가의 차이인 것이다.

작가가 되고자 하는 작가 지망생들은 반드시 몽상가만 되어서는 안 된다. 오히려 몽상가가 되는 과정을 생략할 수도 있다. 물론 몽상가이면서 작가가 되는 것은 가능하지만, 몽상가가 아니더라도 작가가 되는 것 또한 가능하다.

몽상만 하다가 아까운 시간을 다 허비하는 그런 과오를

범해서는 안 될 것이다. 작가 지망생들 중에 어떤 사람들은 수 십 년 동안을 작가가 되고자 하는 꿈을 가지고 있음에도 단 한 번도 제대로 글을 쓰는 연습을 본격적으로 하지 않은 사람들도 있다.

이것은 매우 매우 잘못된 방법이다. 가장 좋은 방법은 지금 당장 글을 쓰는 것이다. 그리고 그것도 매일 쓰는 것이다. 작가의 본질은 글을 쓰는 사람이고, 남들보다 많이 쓰는 사람이고, 매일 글을 쓰는 사람일 뿐이다.

명심하라. 절대 몽상가만 되어서는 안 된다. 몽상가는 누구나 될 수 있다. 그리고 작가가 되겠다는 꿈을 꾸는 것도 누구나 쉽게 할 수 있다. 하지만 작가가 되기 위해 글을 직접 쓰는 사람은 누구나 할 수 없다. 바로 이것이 실제로 작가가 되는 사람이 그토록 적은 이유인 것이다.

작가가 되고 싶다면 지금 당장, 무조건, 매일, 포기하지 않고 글을 쓰라. 그것 뿐이다. 그런 점에서 대부분의 글쓰기 책은 헛소리로만 가득차다는 스티븐 킹의 말에 절대적으로 동감한다. 하지만 글쓰기 책의 단 한 가지 유익한 점도 쉽게 찾아 볼 수 있다는 것도 명심해야 한다.

대부분의 글쓰기 책들은 다행스럽게도 '반드시 글을 쓰는 것을 통하지 않고서는 글을 쓰는 작가가 될 수 없다' 는 사실에 대해 명백하게 알려 준다는 점이다.

열정적으로 글을 써야 한다.

필자는 처음 글을 쓸 때 몇 년 동안은 신들린 사람처럼 너무도 뜨겁게 글을 썼다. 그래서 글을 쓰는 사람이 여유를 부리며, 느긋하게 커피를 마시면서, 글을 쓰는 모습을 도저히 상상할 수 없다.

글을 쓰는 작가라면 모름지기 신들린 사람처럼, 신명나게, 뜨겁게, 열정을 가지고 글을 쓰는 것인 줄 알았다. 왜냐하면 처음 글을 쓰기 시작했던 몇 년 동안은 그렇게 글을 썼기 때문이다.

하지만 지금도 여전히 이런 모습은 달라지지 않았다. 지금 생각해도 글쓰기는 반드시 뜨거운 가슴으로 쓰는 것이지, 차가운 이성적인 머리로 쓰는 것이 절대 아니라는 사실에 대해서는 변함이 없다.

로버타 진 브라이언트는 자신의 저서를 통해 글쓰기 제 2 법칙을 밝혔다.

" 글쓰기 제2법칙.

열정적으로 쓰라. 차분한 사람이라도 좋아하는 일은 열정적으로 추구하게 마련이다. 열정에는 창조성이 뒤따른다.

초고가 열정에 휩싸여 씌어진 게 아니라면, 신명으로 지펴진 게 아니라면, 그래서 활기를 띠고 있지 않다면, 그 글은 기초가 취약한 건물과 같다. 그런 글은 고쳐 쓰는 과정이 여간 힘겹지 않을 것이다." < 로버타 진 브라이언트, [누구나 글을 잘 쓸 수 있다], 82쪽 >

한 마디로 열정적으로, 뜨거운 가슴으로 글을 쓰라는 것이다.

제발 부탁을 하고 싶은 마음은 없지만, 열심히 한다는 것은 열정적으로 무엇인가를 한다는 것과 매우 비슷한 것이라는 사실을 명심해야 한다.

반대로 한심하다는 것은 마음이 차갑다는 것이고, 결국 뜨겁지 않다는 것, 열정이 식었다는 것을 의미한다. 열심은 마음이 뜨겁다는 것이고, 결국 열정이 있다는 것이다.

글을 쓸 때 열심히 쓰는 사람일수록 열정적인 사람인 이유가 바로 이런 이유에서이다. 열정적으로 글을 써야 하는 이유 중에 하나는 자신의 글에 열정적이지 않으면 절대로 매일, 언제나, 어디서나 글을 쓰지 않기 때문이다.

즉 열정적인 사람은 언제나 어디서나 멈추지 않고 계속해서 글을 쓴다는 것이다. 결국 훌륭한 작가가 되는 길은 열정적으로 글을 쓰는 길 밖에 없음을 알아야 한다.

작가가 되고자 하는 작가 지망생들은 반드시 열정적인 작가가 되어야 한다. 이 세상의 모든 분야에서도 열정이 아니고서 무엇인가를 이루어낸 사람은 찾아보기 힘들 정도로 존재하지 않는 다는 것을 필자는 확신한다.

수천 도나 되는 뜨거운 온도에는 그 어떤 단단한 물건이더라도 다 녹게 되듯, 뜨거운 열정을 가진 사람은 자신의 앞에 놓인 수많은 장애물과 시련과 역경과 두려움과 불안을 모두 녹일 수 있다. 그러한 것들을 모두 녹여 버릴 수 있는 뜨거운 열정을 가진 자들은 그 어떤 것도 두려워하지 않을 수 있는 것이 바로 이 때문이다.

" 인간의 모든 행위는 이 일곱 가지 원인들 중 한 가지 이상에 의해 행해진다.
: 기회, 본능, 강요, 습관, 이성, 열정, 욕구 "

고대 철학자 아리스토텔레스의 이 말을 토대로 해서 글 쓰는 작가의 행동의 원인이 될 수 있는 것은 본능, 습관, 열정, 욕구 로 간추려 질 것 같다. 그 중에서 습관은 글을 쓰는 것이 삶의 전부가 되어 버린 작가들이 될 것이다. 작가 지망생들에게 글을 쓰게 하는 것은 결국 열정이나 욕구 때문이라고 할 수 있다.

당신에게는 어떤 것이 있는가? 열정은 당신을 움직이게 하고, 글을 쓰게 하고, 무엇보다 그것을 이루어 내게 해 준다.

" 우리는 세계의 어떤 것들도 열정 없이 이루어진 것은 없다고 단언할 수 있다."

위대한 철학자 헤겔의 이 말은 열정이 얼마나 중요한 것인지를 알 수 있게 해 주는 말이다. 과거에는 지식 정보화 시대였지만, 이제는 감성과 창조의 시대, 이미지와 스토리의 시대라고 할 수 있다. 그런 점에서 열정은 더욱 더 중요한 작가의 기본 요소가 될 수 있을 것이다.

위대한 리더는 결국 타인의 열정에 불을 지필 수 있는 사람이며, 그것은 바로 감성의 리더십이라고 할 수 있다. 감성 지수를 창안해 낸 다니엘 골먼은 자신의 저서인 [감성의 리더십]이란 책을 통해 이러한 사실에 대해 다음과 같이 말한 적이 있다.

" 위대한 리더 앞에서 우리의 마음은 쉽게 움직인다. 그들은 우리의 열정에 불을 붙이고 우리가 가지고 있는 최고의 것을 끄집어낸다. 그 거역할 수 없는 힘의 근원을 설명하라고 하면 대부분의 사람들은 전략이니 비전이니 굳건한 사상이니 하는 것을 들먹이겠지만 그 힘의 실체는 보다 깊은 데 있다. 위대한 리더는 그의 '감성'을

통해 지도력을 행사한다.” < 21쪽, [감성의 리더십], 다니엘 골먼 외 >

위대한 작가란 이와 다르지 않다. 위대한 작가란 자신의 내면에 숨어있는 열정에 불을 붙일 수 있는 작가이다. 그래서 자신이 가지고 있는 최고의 것을 끄집어 낼 수 있는 사람이어야 한다.

역사상 두 번이나 노벨상을 받은 사람은 흔하지 않다. 노벨상을 한 번 받는 다는 것도 평생 한 번 있을 까 말까 한 엄청난 일일 것이다. 그런데 두 번이나 노벨상을 받은 물리화학자인 라이너스 폴링(Linus Pauling)은 과연 어떻게 해서 그렇게 엄청난 일을 두 번이나 해 낼 수 있었을 까?

그의 재능이 남들보다 두세 배나 높았던 것일까? 아니면 남들보다 더 열심히 일을 두세 배나 더 했기 때문일까?

그는 남들보다 두 세배 더 뜨거운 열정을 가지고 있었기 때문이다. 그는 화학결합의 본질을 밝힌 업적으로 노벨화학상을 탔고, 핵실험 금지 운동을 포함하여 평화 운동으로 노벨평화상을 탔다. 그리고 그가 이렇게 할 수 있었던 것은 남들보다 더 뜨거운 열정을 가지고 있었기 때문이다.

" 무슨 일을 하며 살아가지? 나는 이런 걱정을 한 적이 없다. 그저 하고 싶은 일을 하면서 무작정 밀고 나갔을 뿐이다."

위대한 인물 중에 열정이 없었던 사람은 찾아보기 힘들 것이다. 또한 마찬가지로 위대한 작가란 자신의 감성, 자신의 열정으로 글을 쓰는 사람이라고 말 할 수 있을 것이다.

작가가 되는 확실하고 유일한 길.

" 작가가 될 수 있는 가장 확실하고 유일한 길은 '무조건 글을 써야 한다는 것' 이다, 이것을 제외하고 그 어떤 것을 하더라도 당신은 이것을 하지 않으면 작가가 될 수 없다. "

" 진정한 작가란 글을 쓰고 있지 않을 때는 살아있다는 느낌을 느끼지 못 하는 것이 작가라고 나는 생각한다."

그러므로 글을 쓰는 것이 인생의 전부가 되어야 한다. 그런 사람은 평생 단 한 순간도 글을 쓰고 있지 않은 순간이 없는 사람이다. 이런 사람이 진정한 작가인 것이다.

아무런 대가도 바라지 않고, 그저 글을 쓰는 것에 완전하게 매료되어 글을 쓸 수 있는 사람, 그것도 평생 글을 쓸 수 있는 사람이 바로 작가인 것이다.

한 가지 장담할 수 있는 것은 글을 쓰는 것을 포기하지 않고 매일 일정한 분량의 글을 쓰고 또 쓰는 사람은 반드시 작가가 될 수 있다는 것이다.

당신이 작가가 되고 싶다면 반드시 멈추지 않고 해야 할 것이 글을 쓰는 행동이다.

당신이 무엇인가가 되고자 한다면 그것이 될 수 있는 가장 좋은 행동을 선택한 후 그 행동을 끊임없이 반복하는 것이다.

행동의 중요성을 강조한 이들은 적지 않다.

프랑스의 철학자 사르트는 '인간은 행동에 의해서 자기 자신을 만들어간다.' 라고 말했다. 독일의 시인 요한 볼프강 폰 괴테는 ' 아는 것만으로는 부족하니 실천이 따라야 한다. 원하는 것만으로는 부족하니 행동이 따라야 한다.' 라고 말했다.

작가가 되는 길, 작가가 되는 방법을 아는 것만으로는 부족하다. 행동을 해야 한다. 작가가 되고자 원하는 것만으로도 부족하다. 행동이 따라 주어야 한다.

위대한 작가는 결코 하루아침에 만들어 지는 것이 아니다. 오랜 인고의 세월을 견뎌내야 한다. 오랜 인고의 세월을 견뎌 낸다는 것은 결국 포기하지 않고 행동한다는 것이다.

행동을 멈춘다는 것이 바로 포기하는 것이기 때문이다. 어느 분야에서든 이러한 원리는 동일하다고 할 수 있다.

작가가 되고자 하는 많은 작가 지망생들이 결국에는 작

가가 되지 못 한 채 인생의 대부분을 낭비하고, 꿈을 이루지 못 하게 되는 가장 큰 이유는 '좋은 글을 쓰지 못 할 것이라는 두려움' 때문이다.

너무나 많은 우수한 자질의 작가 지망생들이 자신은 좋은 글을 쓰지 못 할 것이라는 그런 걱정과 두려움으로 인해 시작도 해 보지 못 하고 포기하거나, 힘겨운 시작을 했음에도 한 두 번의 실패에 영원히 포기해 버리는 경우가 적지 않다.

우리가 글 쓰기라는 행동을 하지 못 하게 하는 것은 결국 두려움이다. 실패할 까봐, 자신의 글에 너무 심한 혹평을 세상과 타인이 할 까 봐, 자신의 부족한 글쓰기 실력이 탄로 날까봐 두려워서 글쓰는 행동을 많이 자주 하지 못 한다. 그런데 그렇게 행동을 적게 하기 때무에 결국 경험을 통해서 배우는 것 또한 너무 작게 된다.

배우는 것이 작게 되므로 발전과 성장이 부족하게 되고, 결국 매일 용감하게 글을 쓰고 또 쓰는 사람들보다 못 한 상태로 머물게 되는 것이다. 당신보다 더 못 했던 사람들이 용감하게 실패를 무릅쓰고 두려움을 극복해 내고 글을 씀으로써 당신의 수준을 쉽게 너무나 빨리 추월해 버렸던 것이다.

천부적인 재능을 타고난 사람들조차도 매일 글을 쓰는

용감한(?) 평범한 능력의 사람들이 몇 년 안에 추월해 버린다는 사실을 알고 있는가? 심지어 아무리 천부적인 재능을 가지고 있다고 해도 그것을 발견하지 못 하고 시도도 하지 못 한 사람들은 과연 어떻게 될까?

아무것도 가진 것이 없었던 평범한 사람들이 얼마나 많이 스스로의 노력만으로 자신의 길을 개척하고 자신을 거장으로 명품으로 만들어 나갔는지를 알게 되면 놀라지 않을 수 없을 것이다.

그런데 그렇게 할 수 있었던 단 한 가지 비결은 도전하고 행동하고 실패하고 경험으로부터 남들보다 더 많은 것들을 매일 끊임없이 배워나갔기 때문이었던 것이다. 이런 점에서 무조건 글을 쓰는 것, 무조건 행동 하는 것, 즉 'just do it' 이 최고의 성공 비결이 아닐 수 없을 것이다.

경영이나 전략, 미래 예측, 경제 분석과 같은 일을 할 때에는 무조건 행동하는 것, 무조건 도전하는 것이 결코 최고의 방법은 아니다. 이러한 것들은 충분한 공부와 실력을 쌓은 후에 하는 것이 최고의 방법이다.

그래서 경영학이나 미래 전략학과나 통계학과나 경제학과가 대학교에 있는 것이다. 배울 수 있는 과목이고 배우는 것이 배우지 않는 사람과 큰 격차를 만들어 내는 그런 분야이기 때문이다.

 하지만 글쓰기 학과는 대학교에 없다. 그것은 글쓰기란 배워서 되는 것이 아니라, 행동을 통해서 향상시켜 나가야 하는 그런 것이기 때문이다.

글쓰기를 즐길 수 있어야 한다.

“유태교 전통에는 소년이 처음으로 토라(유대교의 율법서)의 맨 첫 자를 읽으면 꿀이나 단 음식을 선물하는 풍습이 있다. 공부를 하면 단 음식을 먹게 될 거라는 자연스러운 연결고리를 만드는 학습 유도 방법이다. 글쓰기도 당연히 이래야 한다. 처음 글쓰기를 시작할 때부터 글쓰기는 좋은 것이며 즐거운 일이라는 사실을 알게 해 주어야 한다. 글쓰기를 적이 아니라 친구로 만드는 것이다.” < 나탈리 골드버그, [뼛속까지 내려가서 써라], 176쪽 >

지금까지 많은 작가들을 보면 창작의 고통에 대해서 너무나 많은 이야기를 하는 것을 볼 수 있다. 이러한 생각을 통해서 보면, 글을 쓰는 것은 한 마디로 거룩한 예술가들이 위대한 작품을 만들기 위해 창작의 고통을 최대한 겪으면서 한 발 한 발 전진해 나가는 사투와 같은 것이었다.

하지만 필자는 이렇게 생각하지 않는 다. 글쓰기가 힘든 고통이고, 노역이어야 할 이유가 있는 가? 왜 꼭 그렇게 고통스러운 과정이어야 하는 가?

이것은 마치 한국의 학생들은 공부라는 것이 좋은 대학의 졸업장이라는 타이틀(?)을 받기 위해, 혹은 좋은 직업과 직장을 구하기 위해, 돈을 많이 벌고 성공하기 위해서 하기 싫지만, 힘들고 고달픈 것이지만 해야만 하는 그런 것이지만, 유태인들에게 있어서 공부는 단 맛을 느끼게 해 주는, 꿀을 먹는 것과 같이 즐거운 것, 재미있는 것, 좋은 것이 되는 것과 다르지 않다.

누군가에게는 가장 힘든 것, 하기 싫은 것, 나쁜 것이지만, 누군가에는 좋은 것, 즐거운 것, 재미있는 것, 쉬운 것일 수 있다는 것이다.

셰익스피어는 [햄릿]을 통해 이런 말을 한 적이 있다.

"이 세상에는 좋은 것도 나쁜 것도 없다. 다만 생각이 그렇게 만들 뿐이다."

참으로 멋진 말이지 않는가? 공부도 진짜 재미있는 것이 될 수 있듯, 글쓰기도 진짜 재미있는 것일 수 있고, 즐거운 것일 수 있다.

날마다 글쓰기를 고통이라 생각하고 고통스럽게 창작의 고통을 느끼며 매일 글을 쓰는 작가보다는 날마다 글쓰기를 즐기며, 작가 자신이 즐겁고 신나게 글을 쓰는 작가가 필자의 생각에는 더 위대하다.

'아는 자는 좋아하는 자만 못 하고, 좋아하는 자는 즐기는 자만 못 하다' 는 너무나 유명한 말이 있듯, 즐기는 자는 자신도 모르게 창조적이 되고, 자신의 능력을 최대한 끄집어 낼 수 있게 된다.

즐길 때 오롯이 행복한 삶을 누릴 수 있게 되고, 그 과정에서 즐겼기 때문에 더 이상의 결과에 큰 기대나 욕심을 내지 않을 수 있게 된다. 말 그대로 결과에 너무 연연해하지 않을 수 있게 된다는 말이다.

글쓰기를 즐길 수 있는 작가와 그렇게 하지 못 하는 작가는 글쓰는 과정에서도 큰 차이가 나지만 결과에 대처하는 자세도 확연하게 다를 수 밖에 없다.

글쓰기를 즐겼던 작가는 자신이 출간한 책이 반응이 좋지 못 하더라도 글쓰기를 즐겼기 때문에 그것으로 만족할 수 있고, 또 다른 글을 쓸 수 있다. 재미와 즐거움이란 요소를 절대 무시할 수 없는 것이기 때문이다. 하지만 글쓰기를 즐기지 못 하는 작가는 그렇게 힘들게 쓴 글이 별로 반응이 좋지 못 하게 되면, 너무나 큰 실망과 좌절을 하게 되는 것은 자명한 사실이다. 그로 인해 두 번째 책을 쓰는 것이 너무나 힘든 과정이 된다.

처음부터 힘든 과정이었지만, 첫 번째 실패로 인해 두 번째 도전은 한 마디로 첫 번째 보다 몇 배 더 힘든 과정이 된다. 이러한 고통과 과정을 누가 이겨낼 수 있을 까?

설상가상으로 첫 번째 책이 성공을 하지 못 할 경우 작가는 세상으로부터 인정을 받지 못 하게 된다.

아무도 당신을 알아주지 않을 때, 두 번째 책을 쓴다는 것은 결코 쉬운 일이 아니다. 여기에 경제적인 지원이나 보상이 없기 때문에 글쓰기를 즐기지 못 하는 작가는 더 이상 진군해 나갈 힘이 없게 된다.

하지만 글쓰기를 즐기는 작가는 이 모든 시련과 역경조차도 훨씬 더 작게 여겨질 수 있다. 특히 미칠 만큼 글쓰기를 좋아하고 즐기는 작가는 그것만으로 모든 보상을 받으면서 하루하루 글쓰기를 하는 것과 다를 바 없다.

어린아이가 놀이터에서 놀 듯 글을 쓰라.

필자는 작가 지망생들에게 글쓰기를 어린아이가 놀이터에서 놀이를 하듯, 그렇게 자유롭게 신나게 즐겁게 순수하게 몰입하여 글을 쓰라고 조언해 주고 싶다.

놀이터에서 놀이에 몰두한 어린아이들을 자세히 관찰해 보았는가?

어린이들은 자기 자신만의 세계를 건설하고, 그 세계에서 모든 것을 경험하며 세상을 모든 것을 가진 자처럼 그 세계를 호령하고, 즐기고, 누리고, 논다.

작가란 책이라는 놀이터에서, 원고지라는 놀이터에서 자신만을 세계를 건설해 나가는 어린아이가 되어야 한다. 가장 순수하게, 가장 자유롭게, 가장 신나게, 가장 즐겁게 놀이하듯 글을 쓰는 것이다.

그렇게 글을 쓸 때 최고의 작품이 나오는 것이라고 필자는 생각한다. 어린아이들은 놀이터에서 놀 때 가장 창조적이 된다. 작가는 그러한 상황을 스스로 만들어야 한다.

어린아이들은 놀이터에서 놀면서 세상을 배우게 된다. 작가도 역시 글을 쓰면서 더 큰 세상을 배워야 하고, 경험해야 하고, 그것을 글로 써야 하는 것이다.

필자는 초창기에 저자 소개에 꼭 이런 말을 써 넣은 적이 있다.

'글쓰기는 어린아이가 놀이터에서 노는 것과 같다.'

필자가 이렇게 어린아이가 놀이터에서 노는 것처럼 그렇게 글을 쓸 수 있었기 때문에 좋은 성과가 있을 수 있었던 것이라고 필자는 생각한다.

작가가 되고 싶은 사람들이거나 자신의 이름으로 된 책을 한 권이라도 세상에 내놓고 싶은 사람이라면 오늘부터 어린아이가 놀이터에서 놀 듯 그렇게 글을 써 보는 것은 어떨까?

어린아이는 사실 놀이터에 들어가면서 '오늘은 몇 시까지 놀아야 할 것인지, 혹은 오늘은 얼마나 많이 놀아야 할 것인지, 오늘은 누구와 놀아야 할 것인지' 와 같은 것들은 생각하지 않는 다.

그러므로 당신도 글을 쓸 때 이런 식으로 글을 쓰는 것이 나쁘지 않다. 오늘은 얼마나 많이 쓸 것인지? 혹은 오늘은 무엇에 대해서 쓸 것인지? 오늘은 몇 시간 글을 쓸 것인지? 와 같은 것들에 생각하지 않는 것이 좋다.

도서관 의자에 앉는 순간, 그리고 노트북이나 타자기를 여는 순간 그때부터 그저 쓰기만 하면 되는 것이다.

마치 어린아이가 놀이터에 들어와서 그저 노는 것처럼 말이다. 어린아이가 놀이터에서 놀 때는 그 어떤 생각도, 계획도, 시나리오도 없다는 사실을 명심하자. 그야말로 즉흥적이고 자유롭고 신나게 논다는 것을 말이다.

당신도 글을 쓸 때 지금보다 좀 더 즉흥적이어야 하고, 자유로워야 하고, 신나야 한다. 이것이 필자의 조언이다. 이런 조언을 하는 작가들이 많지는 않을 것이다. 하지만 필자는 하고 싶다.

이렇게 글을 쓸 때 얼마나 높게 자신의 글쓰기가 도약할 수 있는 지를 체험해 본 사람은 절대 침묵할 수 없기 때문이다.

어린아이가 놀이터에서 놀 때는 아무 걱정도 하지 않는다. 자신이 놀기 때문에 생길 그 어떤 미래에 대해 걱정하거나 두려워하지 않는 다. 어린아이는 자신이 놀고 있는 바로 그 순간에 모든 것을 집중한다.

'지금 이 순간을 즐겨라' 라는 말이 있듯, 어린아이가 놀이터에서 놀 때는 그 어떤 것에도 연연해하지 않는 다. 노는 것에만 집중하는 것이 바로 놀이터에서 노는 어린

아이의 진짜 모습일 것이다.

당신도 이처럼 글을 쓰는 것이 필요하다. 글을 쓰는 것에만 온전히 집중할 수 있어야 한다. 그것이 당신이 가진 능력을 최고로 끄집어내는 유일한 방법이기 때문이다 .

놀이터에 가서 어린아이가 뛰어 노는 것을 자세히 관찰하고 그들한테서 우리는 배워야 한다. 즐겁게 사는 법, 즐겁게 집중하는 법, 미래를 걱정하지 않는 법, 지금 이 순간에 사는 법을 말이다.

어린아이가 놀이터에서 놀 듯 글을 쓴다는 것은 글을 쓰는 것에 자신을 맡긴다는 것이다. 결국 자신을 자유롭게 뛰어 놀게 하는 것이고, 거침없이 즐기는 것이다. 글쓰기에 말이다.

글쓰기는 논리적, 창조적 사고를 동시에 키워 준다.

글쓰기는 놀라운 마법의 힘을 가진 것은 분명하다. 글쓰기를 하다 보면 자신도 모르게 논리적이 되고, 창조적이 되기 때문이다. 알게 모르게 글을 쓰기 전보다 훨씬 더 많은 다양한 생각들을 유연하게 해 낼 수 있게 되는 자기 자신을 발견하고 무척 놀라는 경우도 적지 않다.

바로 글쓰기에는 사람의 사고를 단련시키고 사고의 근육을 키워주는 힘이 있기 때문일 것이다.

[글쓰기의 전략]이란 책의 저자인 정희모 교수는 글쓰기 교육의 중요성과 효과에 대해서 이렇게 설명한 적이 있다.

" 나는 그것이 글쓰기가 지닌 뛰어난 사고 형성 기능과 관련이 있다고 믿고 있다. 글쓰기는 단순히 생각이나 지식을 전달하기 위한 것이 아니다. 오히려 글쓰기는 생각을 만들어내고, 지식을 구성하는 데 중요한 역할을 담당한다. 그래서 1996년도에 노벨의학상을 받은 피터 도허티 교수나 MIT의 바라라 골도프타스 교수도 글을 잘 쓰는 사람이 사고가 명확하여 연구 성과가 뛰어나다고 단언하고 있다.

글은 엉켜진 생각을 명료하게 정리해주는 신비한 마력이 있다. 또 이 생각을 저 생각으로 옮기는 능청스러운 힘을 가지고 있다. 우리는 글을 쓰면서 생각을 정리하고, 글을 쓰면서 새로운 생각을 만든다. 글쓰기가 논리적 사고, 창조적 사고를 키운다는 말은 그래서 가능하다. "

< 정희모, [글쓰기의 전략], 6쪽 >

글쓰기가 정말로 이렇게 놀라운 힘을 가진 이유 중에 하나는 우리의 사고는 언어의 구조라는 틀 속에 갇혀 있기 때문이다. 그러한 언어의 구조를 새롭게 만들어내고 응용하는 것이 바로 글쓰기의 본질이다. 그러한 응용 과정에서 인간의 사고는 좀 더 논리적이 되고, 좀 더 창조적이 되는 것이다.

글쓰기가 놀라운 힘을 가진 이유 중에 하나는 글쓰기는 반드시 손가락을 이용해야 하기 때문이다. 손가락은 외부에 나온 뇌라고 할 수 있을 정도로 매우 놀라운 기관이다.

손가락을 사용한 악기 연주, 가령 피아노와 같은 악기 연주를 배우게 하면 머리가 좋아지는 이유가 바로 이것 때문이다. 손가락을 잘 사용하는 젓가락 문화권의 민족들이 지능지수가 높은 이유도 바로 이것 때문일 것이다.

손가락을 사용하는 것은 뇌과학적 측면에서 뇌를 깨우고 마사지를 하고, 움직이도록 자극하는 것과 다를 바 없다. 잠자고 있는 뇌의 각 부분을 깨우는 것이 바로 손가락을 사용하여 글을 쓰는 것과 다를 바 없다.

그래서 필자의 경우에는 그냥 말을 하는 것보다 손가락으로 타이핑을 할 때 혹은 빈 종이에 아무 글씨라도 휘갈겨 쓸 때 좋은 생각들이 떠오르고, 기억하려고 했던 생각들이 훨씬 더 쉽게 생각난다.

글쓰기는 이러한 여러 가지 이유로 인해서 인간의 사고력을 명료하게 해 주는 훈련을 하게 되고, 사고력이 유연하게 되는 효과가 있다. 그런 점에서 100권의 책을 읽는 것보다 1권의 책을 쓰게 되면 훨씬 더 많은 공부를 하게 되고, 더 많이 배우게 된다.

글쓰기를 잘 하는 사람들이 결국에는 시대를 이끄는 리더가 된 경우가 많은 것도 이와 같은 맥락에서 이야기 할 수 있을 것이다.

버락 오바마 대통령은 흑인 최초로 미국의 대통령이 된 기록을 세웠다. 그가 글쓰기를 잘 한다는 것은 누구나 다 아는 사실이다. 그는 대학시절 흑인 최초로 하버드 로 리뷰 편집장이 되었다. 그가 얼마나 글쓰기를 잘 하는 사람인지를 잘 알 수 있는 대목이다.

그가 쓴 책은 이미 수 십 권에 이른다.

2차 세계대전을 승리로 이끈 윈스턴 처칠도 역시 글쓰기에 남다른 재주가 있는 사람이었다. 그는 정치인으로서 유일하게 노벨 문학상을 수상한 사람이기도 하다.

김대중 대통령, 박근혜 대통령을 비롯해서 정치적인 영향력을 비롯해서 각 분야에서 두각을 나타낸 사람들은 최소한 한 두 권의 책을 출간한 경험을 가지고 있는 사람들인 이유도 이런 맥락에서 설명할 수 있을 것이다.

글쓰기는 사고를 명료하게 해 주고, 정리를 해 주는 효과가 있다. 필자가 실례조 그러한 것들을 경험해 보았기 때문이다. 복잡한 주제에 대해서 글을 쓰다 보면 쓸수록 그 복잡한 주제가 단순하게 정리되는 경우가 많다.

글을 쓰면서 스스로 정리가 되는 것이다. 글쓰기가 가진 힘이 발휘되기 때문이다.

글쓰기보다 자신의 마음을 비울 줄 알아야 한다.

작가가 되고자 하는 사람들은 무엇보다 욕심을 먼저 버려야 한다. 즉 마음을 비울 줄 알아야 작가가 될 수 있다. 왜냐하면 욕심이 많은 사람은 글을 쓰는 데 오롯이 집중할 수 없기 때문이다.

현실적인 문제에서도 작가가 되고자 하는 사람은 무엇보다 마음을 비울 수 있어야 한다. 그 이유는 작가보다 더 심한 비평을 받는 예술가는 존재하지 않기 때문이다. 특히 작가들은 다른 작가들에 대해 서로 나쁜 소리를 많이 하는 그런 예술가들(?)이다.

작가 본연의 임무는 말을 글로 쓰는 것이다. 그만큼 할 말이 많은 것이다. 그런 점에서 무엇인가를 끊임없이 말하고 글을 쓰는 사람이 작가라고 할 수 있다.

트위터를 많이 하는 사람을 보라. 작가가 많이 하는가? 화가나 뮤지션이 많이 하는 가? 그리고 대한민국에서 파워 트위터리안 1위에서 5위는 모두 작가이거나 최소한 책을 한 권 이상 출간한 경험이 있는 사람들이다.

하지만 문제는 너무 욕심이 많으면 하지 말아야 할 말까지 하게 된다는 데 있다. 최근에 실언을 많이 해서 구설수에 자주 오르는 트위터리안이 있다. 말을 조심하지 못

하는 한 가지 이유는 너무 욕심을 많이 가지고 있기 때문이다.

가장 중요한 것은 마음을 비우고 꼭 해야 할 말만 하는 것이다.

작가는 어떻게 보면 큰 사명을 가지고 있는 사람이다. 그런 점에서 과욕을 부리면 절대 안 된다.

한국 사회가 시끄러운 이유는 너무 많은 말을 하고자 하는 욕심 때문이다. 때로는 조용히 독방에서 혼자만의 시간을 많이 가질 필요가 있다. 여기 저기 쫓아다니고 이런 저런 일에 참여하게 되면 작가로서의 삶을 잘 이어나갈 수 없게 된다.

정신이 분산되기 때문이다.

작가는 모름지기 마음을 비울 줄 알아야 하는 이유 중에 하나는 작가의 삶의 모습은 세상에 나서서 무엇인가를 하기 보다는 조용히 의자에 앉아서 세상을 통찰하고 자신을 성찰하여 그것을 종이에 옮겨야 하기 때문이다.

뿐만 아니라 마음을 비우지 않으면 더 이상 세상을 바라보는 시야가 넓고 정확하지 않는 다. 욕심이 있기 때문에 세상이 더 이상 보이지 않고 자신도 잃게 된다.

글쓰기는 자기 자신과의 싸움에서 이기지 못 하면 절대 잘 해 낼 수 없는 일이라고 생각한다. 그런 점에서 글쓰기를 하고자 하는 사람은 절대로 욕심을 부려서는 안 된다.

마음을 비울수록 더 많은 세상이 보이고 더 많은 것들을 생각할 수 있고 더 많은 것들을 글로 쓸 수 있다.

비우면 비울수록 새로운 것들로 채울 수 있는 것이 항아리의 비밀이듯, 당신이 자신의 마음음속에 욕심으로 가득 차 있게 하면 그 어떤 것으로도 채울 수 없고, 당신은 글로 쓸 수 없게 된다.

욕심도 비우고, 분노도 비우고, 아픔도 비우고, 후회도 비우고, 집착도 비우고, 슬픔도 비우고, 미움도 비우고, 연민도 비울 때 비로소 당신은 진정한 작가기 될 수 있다.

글을 쓴다는 것은 글과 자신이 하나가 되어야 한다. 그런데 욕심이나 집착이나 미움이나 분노와 같은 온갖 마음의 잡동사니가 당신의 내면에 가득 차 있다면 어떻게 글과 당신이 하나가 될 수 있겠는가?

당신의 내면에 있는 온갖 잡동사니를 비워야 그 비워진 곳에 세상이 들어와 그것이 당신과 하나 될 때 글로 재탄

생되는 것이다.

생각해보자. 당신의 마음에 분노와 욕심과 집착으로 가득 차 있다면, 그런 사람이 쓰는 글은 어떤 성격의 글이 될 까? 당연히 분노와 욕심과 집착으로 가득 차 있는 그런 글이 될 수 밖에 없다.

이런 사람이 어떤 주제에 대해서 글을 쓴다고 해도 그 글에는 욕심과 집착과 분노가 섞여 있게 되는 것이다.

당신의 머릿속에 온갖 섹스에 대한 생각만 가지고 있는 사람이 어떤 글을 쓴다 해도 글 속에 섹스에 대한 이야기가 저절로 흘러나오지 않을 수 없게 된다. 당신의 머릿속에 온갖 공부에 대한 생각을 가지고 있는 사람은 자연스럽게 공부에 대한 이야기가 흘러 넘치게 되는 것이다.

세상과 전문가들의 평가를 무시하라.

당신이 작가가 되고자 한다면 가장 중요한 사실 한 가지를 말해 주겠다. 그것은 절대 세상과 전문가들의 말에 귀를 기울이면 안 된다는 것이다.

그 이유는 한 마디로 당신이 작가로서 꿋꿋하게 살아가기 위해서이다. 작가로 살기 위해서는 세상과 전문가들의 그 어떤 말에도 귀를 기울여서는 안 된다.

생각해 보라. 100 사람의 전문가들이 있다면 당신의 작품에 대해 이 전문가들의 평가는 그야말로 천차만별이다.

혹평을 하는 전문가도 있고 찬사를 아끼지 않는 전문가들도 있을 수 있다. 하지만 어느 쪽도 당신의 작가 생활에 해로운 독이 된다는 사실을 명심해야 한다.

혹평을 하는 전문가들의 평가에 너무 귀를 기울이게 되면 열등의식에 빠질 수 있고, 자신의 무한 잠재력에 스스로 브레이크를 걸게 되는 꼴이 될 수 있다. 엄청나게 성장할 수 있는 당신의 글쓰기가 몇 몇 전문가들의 혹평으로 인해 정체 되고 퇴보 할 수 있다는 것이다.

이것만큼 낭비적이고 후회스러운 것이 또 있을 까?

이와 마찬가지로 찬사를 아끼지 않는 사람들의 호평도 당신의 작가 생활에 해로운 것은 마찬가지이다. 누군가가 당신의 글에 대해 끝없는 찬사를 보내고, 당신은 그 말을 그대로 믿고 자신이 마치 글을 잘 쓰는 천재적인 작가로 도약이라도 한 것처럼 그 때부터 어깨에 힘이 들어가고, 목에 힘을 주게 된다.

그렇게 되는 순간 당신은 조용히 골방에 앉아서 매일 글 쓰는 것이 갑자기 너무나 힘든 일이 되어 버릴 수 있다. 허파에 바람이 들었기 때문이다. 어떻게 세계적인 천재 작가가 이렇게 조용히 시골 골방에 앉아서 글이나 쓰고 있을 수 있겠냐는 것이다.

약간 유명해진 사람들의 책이 더 이상 그 이전의 작품들보다 좋지 못 한 이유 중에 하나가 바로 이것이라고 할 수 있다.

실패는 병가지상사라고 오히려 성공보다는 실패를 하는 것이 작가로서의 성공에 더 도움이 된다고 필자는 생각한다.

작가는 세상의 소리에 귀를 기울이지 않아야 한다. 다만 작가는 세상에 자신의 목소리를 조용히 외쳐야 한다. 그것이 작가의 본연의 임무이기 때문이다.

세상과 전문가의 당신에 대한 평가에 너무 귀를 기울이면 그것에 휘둘리며 살게 된다. 세상에 자신을 당당히 내보여야 하는 것이 작가의 삶이다. 그런 점에서 세상에 휘둘리며 살아서는 절대 안 된다.

작가는 누구보다 자기 자신에 대한 확신을 가지고 있어야 한다. 그런 사람에게서 확신에 찬 좋은 글이 나올 수 있기 때문이다. 자기 자신에 대한 확신도 없는 사람에게서 어떻게 강하고 힘찬 글이 나올 수 있겠는가?

결국 글이란 당신에게서 흘러나오는 또 다른 당신인 것이다. 그런 점에서 가장 중요한 사실은 당신 자신에 대해 당신은 강한 신념을 가지고 있어야 하며, 강한 의식이 굳건히 당신의 내면에 존재하고 있어야 한다는 사실이다.

전문가들의 평가와 권위자들이 쏟아내고 있는 말들이 얼마나 신뢰할 수 없는 것인지를 당신이 잘 알고 있다면 세상과 전문가들과 권위자들의 평가에 휘둘리지 않을 수 있는 데 도움이 될 것이다.

권위자나 전문가들의 확신에 찬 주장들이 헛소리일 뿐이라는 사실을 잘 말해주는 경우 중에 대표적인 사례가 바로 로저 배니스터Roger Bannister의 사례일 것이다.

1954년까지 인류는 인간은 1마일을 4분 안에 돌파할 수 없는 존재로 알고 있었다. 그렇게 인류가 생각하게 된 이유는 그 당시 수많은 권위있는 의학자들과 스포츠의 세계적인 전문가들이 모두 이구동성으로 '인간은 1마일을 돌파할 수 없다' 고 주장했기 때문이다.

'인간이 만약에 1마일을 4분 안에 돌파하게 되면 폐와 심장이 파열되고, 심한 긴장으로 뼈가 부러지고 관절이 파열되며, 근육과 인대, 힘줄 등이 찢어지게 될 것이다.'

이러한 주장을 그 당시 전문가들, 권위자들, 의학자들이 이구동성으로 했고, 그 결과 인류는 정말 그런 것인 줄 믿었던 것이다. 그런 잘못된 신념 때문에 인류는 수백 년 동안 1마일을 4분안에 돌파하지 못 했다.

그러다가 자기 자신에 대한 확신이 찬 멋진 친구가 나타났다. 바로 로저 배니스터였다. 그는 1마일을 4분 안에 주파했다. 그럼에도 폐와 심장은 멀쩡했다. 부러지고 찢어진 신체 기관은 하나도 없었다.

이 사실이 세상에 알려지자 1~2년 이내에 1마일을 4분 안에 돌파하는 사람들이 300명 이상으로 늘어났다. 세상과 전문가들의 주장에 그동안 휘둘리며 살았던 육상 선수들이 로저 배니스터의 활약과 기록을 보고 나서 세상과 전문가들의 주장에 휘둘리지 않고 자신의 길을 갈 수 있게 된 것이다.

당신이 세상과 전문가들의 주장에 휘둘리지 않아야 하는 이유가 바로 이것이다.

15년 동안 무명이었던 세계 최고의 베스트셀러 작가.

영화 '쇼생크 탈출'이란 영화를 보면, 정말 감동과 환희와 희열과 전율을 시청자들에게 선사해 주는 멋진 영화이다. 이 영화의 원작자가 누구인지 아는가? 세계 최고의 베스트셀러 작가인 스티븐 킹이다.

그가 15년 동안 무명작가였고, 그래서 생활고에 시달려서 경비원도 하면서, 공장에서 일도 하면서 힘들 시절을 보낸 적이 있다는 것을 아는 사람은 많지 않을 것이다.

당신이 진짜 작가가 되고 싶다면 이러한 힘든 시절을 당당히 이겨낼 수 있는 각오를 해야 한다.

이러한 힘든 시기에 세상은 그를 인전해 주지 않았다. 하지만 그는 자기 자신을 위해 엄청난 양의 작품을 집필하고 또 집필했다.

작가란 모름지기 이래야 한다고 생각한다. 세상이 알아주지 않아도 끝까지 글을 쓸 수 있는 사람이어야 한다는 것이다.

그가 15년 동안 너무나 많은 출판사로부터 거절의 말을 귀에 못이 박히도록 들었던 말은 바로 이런 말이었다.

“ 당신의 작품에 대해 우리 출판사는 출판하지 않기로 결정했습니다. 다른 출판사를 찾아가 주시기 바랍니다.”

스티븐 킹도 자신의 삶에 대해 이렇게 술회하기도 했다.

“ 출판사의 거절 편지는 내 삶의 곳곳에 배어 있다.”

이것이 바로 현존하는 세계 최고의 베스트셀러 작가의 자화상이다. 그러므로 당신은 절대 기죽을 필요가 없다. 15년 이상 무명으로 지낸다고 해도 절대 기죽을 필요가 없다.

스티븐 킹도 인간이기에 좌절과 절망은 그를 힘들게 했고, 그는 그러한 상황과 질망 속에서 자신이 쓴 첫 번째 장편 소설을 다 쓰고 나서 자기 자신에 대한 확신이 더 이상 없었기 때문에 절망하며 자신의 손으로 직접 쓴 원고를 쓰레기통에 처 박았다는 사실을 당신이 알아야 한다.

그것은 그 어떤 위대한 작가라도 스스로에 대한 신념이 흔들릴 때는 수도 없이 많이 찾아온다는 사실이다. 즉 자기 자신과의 싸움에서 이기지 못 하면 당신은 작가가 될 수 없고, 작가로 살아갈 수 없다.

자기 자신과의 싸움에서 가장 중요한 것은 자신의 마음과의 싸움이다. 작은 성공에 우쭐해지고 교만해지는 것은 절대 금물이다. 또한 잦은 실패와 시련에 움츠러들고 의기소침하고 무기력해지고 좌절하고 절망하는 것도 금물이다.

그렇게 하지 않기 위해서는 가장 필요한 것은 인생을 길게 내다보고, 넓게 보라는 것이다.

" 행백리자반구십 行百里者半九十"

이란 말을 작가가 되고자 하는 작가 지망생들에게 곡해 주고 싶다. 이 말은 중국 전한前漢 시대의 유향劉向이 동주東周 후기인 전국시대戰國時代 전략가들의 책략을 편집한 책인 전국책戰國策에 있는 말이다. 백리를 가고자 하는 사람에게는 구십 리가 반이라고 여겨야 한다는 말이다.

작가의 삶이 모름지기 이와 다르지 않다. 항상 자신의 부족함을 알고 꾸준히 정진해야 한다. 성공을 하더라도 또한 실패를 하더라도 꾸준히 정진해 나가며 매일 글을 쓰는 삶을 살아야 한다. 그래서 작가에게 필요한 것은 꾸준한 공부라고 생각한다.

" 나는 우리 회사가
예술적 사업을 하고 있다고 생각합니다.

자동차란

엔터테인먼트이자
움직이는 조각품인 동시에
수송수단의 역할을 하기도 합니다."

_ GM 로버츠 루츠 부회장

누구나 처음에는 형편없는 아마추어였다. 심지어 위대한 대문호들조차도 처음에는 아마추어보다 더 못 한 실력을 가진 작가들도 수도 없이 많았다.

그리고 더 중요한 사실은 자동차를 만드는 GM 조차도 이제는 자동차를 만드는 사업을 예술 사업이라고 표방하기 시작했다는 것이다.

한 마디로 이제는 시대가 바뀌었다.

당신이 어떤 직업에 종사하고 있더라도 당신은 작가가 될 수 있고, 예술가가 될 수 있다는 사실이다.

앨빈 토플러가 1980년에 자신의 저서인 [제3의 물결]에서 프로페셔널과 소비자, 생산자와 소비자의 경계가 허물어지고 있는 시대, 즉 21세기는 프로슈머(prosumer)의 시대가 오고 있다고 말한 적이 있다.

그의 말대로 진정한 프로슈머의 시대가 오고 있다고 저는 생각합니다. 그것이 바로 독자와 작가의 경계가 무너지는 새로운 시대라고 생각한다.

시대가 많이 바뀌었다. 과거에는 글을 읽고 쓸 줄 아는 사람이 소수 특권층에 한정되었지만 어느 순간 아무나 글을 읽고 쓸 줄 아는 시대가 되었다.

하지만 글을 읽고 쓸 줄 아는 시대와 누구나 매일 글을 쓰는 시대는 전혀 다른 것이다.

당신도 작가가 될 수 있는 이유는 바로 이것이다. 필자가 출간할 책인 [호모 스크립투스]란 책에 보면 당신이 반드시 작가가 되어야 할 이유가 분명하게 나온다.

그리고 무엇보다 당신이 이미 작가인 이유가 분명하게 나온다. 당신은 누가 뭐래도 작가이다. 그러므로 당신 자신의 이야기를 세상에 내 놓아야 한다.

당신 자신을 믿고, 자신의 직관을 따라 가면 된다. 건투를 빈다.

명심하라. 그 어떤 천재도 무엇을 배우더라도 초보자로부터 시작해야 한다는 사실을 말이다. 그러므로 용기를 내고 시작하라.

작가는 오직 글을 쓸 뿐이다. 행동하지 않으면 아무것도 달라지지 않는 다. 글을 쓰는 것 말고는 그 어떤 것도 당신을 작가로 만들어주지 않는 다.

" 당신은 죽어도 (당신의) 책은 남는다."

키에르케고르의 이 말처럼 책은 남는다. 그렇기 때문에 당신은 책을 써야 한다. 이 세상에 무엇을 남기고 갈 것인가? 책 한 권 정도는 남겨야 하지 않을까?

대가가 아니어도, 실력이 없어도, 책을 쓰고, 책을 출간하기에는 이미 당신은 충분한 능력을 가졌다.

그러므로 당신은 저마다의 작가가 될 수 있다. 자신을 믿어라. 그리고 의자에 앉아서 글을 쓰라. 그것만이 당신을 작가로 만들어 줄 수 있는 유일한 것이다.

부록 :

대한민국 넘버원 책쓰기학교 [김병완칼리지 책쓰기 작가 수업 교재]

3년 1만권 독서가 | 15년 150권 출간작가 | 15년 1,000명 작가 배출 책쓰기 코치 | 15년 연속 베스트셀러 작가의 유일무이한 책쓰기 작가수업

김병완칼리지 책쓰기 작가수업 교재

| 7주 만에 작가되기 |

1주 차 _ 무엇을 쓸 것인가? 주제 선정 수업

책쓰기의 첫 단계는 '무엇을 쓸 것인가' 하는 주제 선정 단계다. 주제선정을 어떻게 하느냐에 따라 당신의 책쓰기가 성공과 실패의 갈림길에서 어느 쪽으로든 갈 수 있다는 사실을 알아야 한다. 혹자는 주제 선정도 제대로 하지 않고, 본문을 무작정 쓰기도 한다. 바로 이렇게 주제 선정 단계를 제대로 거치지 않았기 때문에 이런 작가들은 갈수록 애를 먹게 되고, 책쓰기를 포기하게 되는 것이다. 다시 말해, 주제 선정 단계는 책쓰기에서 가장 중요하다고 할 수 있다. 책쓰기는 무엇을 쓸 것인가와 어떻게 쓸 것인가로 나눌 수 있기 때문이다. 이 중에서 가장 중요한 것은 무엇을 쓸 것인가에 대한 명확한 주제 선정이다. 주제 선정만 제대로 잘 하면, 그 다음부터는 차근차근 하나씩 써 내려가면 되기 때문이다.

주제 선정을 하지 않거나, 잘 못하고 책쓰기를 하는 사람들은 몇 개월 혹은 몇 년 동안 엄청난 고생을 하게 될지도 모른다. 마치 지도도 없이, 길도 모르면서 무작정 엄청난 밀림 속에 뛰어든 것과 다름없기 때문이다. 뿐만 아니라 책을 쓰고자 하는 이들에게 출판사와 계약을 하느냐 못 하느냐는 가장 중요한 문제일 것이다. 특히 전업작가의 길을 선택한 이들에게는 더더욱 그럴 것이다. 출판사와 계약을 쉽게 잘 하는 방법 중에 하나가 좋은 주제를 선정하는 것이다. 그렇다면 좋은 주제는 무엇일까? 어떤 주제가 좋은 주제일까? 먼저 주제가 너무 평범한 스토리이면 안 된다. 주제가 너무 평범한 내용이면 안 된다는 말이다.

즉 좋은 주제는 차별화된 독특한 내용이어야 한다는 것이다. 좋은 주제는 세 가지가 반드시 있어야 한다. 첫째는 독특함, 둘째는 참신함. 셋째는 호기심을 자극하는 반전이다. 독특하지 않으면, 평범하면 좋은 주제라고 볼 수 없다. 그리고 독특하더라도 참신하지 않으면 안 된다. 이미 누군가가 사용한 주제라면 그렇다. 그리고 가장 중요한 것은 독자들의 호기심을 자극할 수 있는 반전이다.

나만의 주제를 찾는 비법

문제는 이것이다. 바로 주제다. 주제는 적지 않은 것들을 결정한다. 작가의 입문 과정이라고 할 수 있는 출판사와의 계약에 가장 큰 영향을 끼치는 것이 바로 이것이다. 책쓰기에서 가장 중요한 것이 바로 주제 선정이다. 자, 그렇다면 주제 선정은 어떻게 해야 하는 것일까? 먼저 주제의 종류에 대해서 살펴보자. 우리가 쓸 주제는 크게 두 가지로 나눌 수 있다.

첫 번째는 내가 쓰고 싶은 주제이다. 이런 주제는 삶에서 우러나오게 되어 있고, 아주 독창적인 주제가 될 수 있다. 하지만 이런 주제의 가장 큰 단점은 대중들이 흥미를 거의 느낄 수 없게 될 소지도 있다는 것이다. 이런 주제의 가장 큰 장점은 사람에 따라 그 범위가 무궁무진할 수 있다는 것이다. 확장성이 매우 높지만, 덜 매력적일 수 있다. 하지만 가장 강력한 글들이 쏟아져 나올 수 있다는 점에서 강력하게 추천하는 주제이다.

두 번째는 내가 쓸 수 있는 주제다. 이런 주제는 삶이 아니라 세계에서 찾을 수 있다. 남과 다르게 세상을 바라볼 수 있는 눈을 가진 사람은 자신이 쓸 수 있는 주제가 매우 넓다. 하지만 세상과 타인에 대해서 관심이 없는 사람은 어쩌면 쓸 주제가 매우 한정되어 있을 수 있다. 작가의 삶의 경험과 지식과 사색의 깊이와 넓이에 따라 범위가 한정된다. 이것이 가장 큰 단점이다. 당신이 책을 쓸 때 선택해야 하는 주제는 어떤 것일까? 필자의 대답은 바로 이 두 가지 주제를 모두 충족시켜 주는 주제여야 한

다는 것
이다. 당신이 쓰고 싶은 주제이면서, 동시에 제대로 잘 써 낼 수 있는 주제여야 한다.

내가 쓰고 싶은 주제이지만, 제대로 잘 써낼 수 없는 주제를 선택한 작가들은 항상 중도 포기하는 경우가 허다하다. 반대로 그렇게 쓰고 싶은 주제는 아니지만, 제대로 잘 써낼 수 있는 주제를 선택한 작가들은 절대로 중도 포기하지 않는다. 한 권의 책을 쓰는 것이 그렇게 힘들거나 어렵거나 스트레스를 받는 일이 아니기 때문이다. 결론은 바로 이것이다. 주제 선정을 어떤 것을 하느냐에 따라 당신의 책쓰기가 성공하느냐 마느냐가 결정된다는 것이다. 주제 선정을 잘못하면 책쓰기를 하는 몇 개월 혹은 몇 년이 지옥이 될 수 있다. 하지만 자신에게 맞는 주제를 잘 선정한 경우에는 책쓰기를 하는 내내 즐겁고 신나는 시간을 만끽하게 된다. 필자가 이런 경험이 적지 않기 때문에 자신 있게 말할 수 있는 것이다. 자,
그럼 실습을 해 보자. 독특하고 참신하고 호기심을 자극하는 반전이 담긴 좋은 주제는 어떤 것이 있을까? 필자의 수강생 중에 한 명이 쓴 책의 주제를 살펴보자. 수강생 중에 한 명은 아내가 임심한 후, 아빠 태교의 중요성에 대한 책을 쓰기로 결정하고 아래와 같은 주제를 선정했다.

'아내가 임심했다. 남편이 태교하라.'

아빠태교가 아이의 미래를 바꾼다고 주장하면서 말이다. 이 책의 수강생은 원고 투고하자마자 바로 출판사와 계약이 되었다. 그 어떤 사람도 쓰지 않았던 아빠태교라는 참신한 주제로, 독특하게 주제를 선정한 것이다. 아주 좋다. 이전의 책들은 기껏해야 아빠가 태교를 도와주고, 지원해주는 성격의 책이었지만, 아빠가 본격적으로 주도하고, 리드하고, 태교를 하는 '아빠태교'는 아주 보기 드문 주제인 것이다. 두 번째 소개할 주제도 매우 독특하고, 참신하고 호기심을 자극하는 반전이 있는 책이다. 이 수강생도 역시 8주 수업 시간에 원고 투고를 해서, 투고하자마자 계약이 되었다. 이 책의 주제는 바로 이것이다.

"남편이 바람피워도 행복할 수 있는 18가지 방법"

남편이 바람피우는 최악의 상황에서도 여성들의 행복은 바로 본인에 게 달려 있고, 어떤 상황에서도 행복할 수 있다는 사실을 강조한 책이다. 세상은 마음대로 되지 않지만, 자신의 마음과 생각은 사신이 선택할 수 있고, 결정할 수 있다. 그래서 이 수강생은 독자들에게 이렇게 이야기한다. "남편이 바람피우나요? 그렇다면 행복해질 일만 남았어요." , "남편이 혹시 바람피우나요? 이제 당신은 더 행복해 질 수 있겠네요."

세 번째 사례는 게임에 관한 주제다. 보통 게임이라고 하면, 자녀들에 게 부정적인 측면을 생각한다. 하지만 수강생 중에 한 명은 게임의 긍정적인 측면을 주제로 삼았다. 그래서 이 책의 제목과 주제는 한 마디로 이것이다.

"당신의 자녀에게 게임을 허許하라."

독특하고 참신하고 호기심을 자극하는 반전이 충분히 있는 주제다. 온라인게임으로 명상의 효과를 얻을 수 있다는 것이 이 책의 핵심 주제다. 물론 이 수강생도 원고 투고를 하자마자 계약이 되었다. 게임으로 명상을 하고, 명상의 효과를 얻을 수 있다는 독특한 주제의 이 책은 당연히 독자들이 많을 수밖에 없다. 지금까지 많은 게임 책들이 게임 중독에서 벗어나기에 대한 주제로 책을 썼다면, 이 책은 완전한 반전과 호기심을 자극하는 책이라고 할 수 있다.

명심하자. 책쓰기를 어떻게 하느냐, 어떻게 쓰느냐는 그 자체로 하나의 기술이며, 학문이며, 길이다. 책쓰기라는 그 길을 통해 천국을 경험할 것인지, 아니면 지옥을 경험할 것인지 아니면 두 개 다 경험할 것인지 혹은 두 개 모두 경험하지 못할 것인지는 오롯이 당신의 책쓰기 기술에 달려 있다. 다시 말해 당신에게 전적으로 달려있다. 구슬이 서 말이라도 꿰어야 보배가 되듯, 당신의 콘텐츠나 스토리가 무엇이든 잘 꿰어야만 보배가 될 수 있고, 책이 될 수 있다. 잘 꿰는 기술이 바로 책쓰기 기술이며,

이것을 연습하고 훈련하는 것이 바로 책쓰기 학교,책쓰기 작가 수업의 주된 목적이다.

2주 차 _ 어떻게 쓸 것인가? 목차 작성 수업

이제 2주차다. 책쓰기의 두 번째 단계는 책의 전체 구성에서 한 단계 더 나가서 구성을 하는 단계다. 건물의 설계도와 같은 역할을 한다. 목차를 잘 작성해 놓으면 책쓰기의 윤곽이 잡히고 자신감도 많이 상승한다. 책을 한 권 혼자의 힘으로 쓴다는 것은 정말 엄청난 일이다. 그것을 해 본 사람들은 안다. 그리고 그것이 얼마나 뿌듯하고 기쁜 일인지도 말이다. 그런데 책쓰기를 잘하기 위해서 필요한 것을 물어보면, 대부분의 사람들이 필력이나 문장력과 콘텐츠라고 답을 한다. 하지만 5년 이상 책쓰기 코치를 해 본 사람으로서, 5년 동안 80여 권의 책을 실제로 출간해서 베스트셀러 작가가 되어 본 사람으로서 본다면 필력이나 문장력, 심지어 콘텐츠보다도 더 중요한 것이 있었다. 그것은 바로 목차 구성이다.

목차 구성을 잘 하면 작가가 책을 쓸 때 너무나 편하다. 그리고 독자들도 책을 읽기 너무 쉬워진다. 하지만 목차 구성이 엉망이면, 독자들은 읽을수록 애매해진다. 작가 입장에서도 책을 쓰기가 힘들어진다. 쓰면서도 자신도 무슨 이야기를 지금 하고 있는지도 모르게 된다. 진퇴양난을 경험하게 된다.

목차 구성에서 중요한 것은 무엇인가? 첫 번째는 작가 중심에서 독자중심으로 변경해야 한다는 것이다. 두 번째는 논리적이고 이성적인 똑부러지는 목차보다는 감성을 자극하는 인간적인 목차가 더 낫다는 것이다. 세 번째는 단어 선택을 잘 해야 한다는 것이다. 강력한 힘을 가지고 있는 기적의 단어들이 있다. 예를 들면, '새로운', '기적의', '놀라운', '탁월한' 등의 단어들이다. 네 번째, 심리학을 이용해서 인간의 심리를 잘 활용하라는 것이다. 마지막 다섯 번째이면서 가장 중요하고 기본이 되는 사항은 3S다.

간결하게 simple　　짧게 short　　명확하게 sharp

목차는 간결하고 짧아야 하고, 명확해야 한다. 두루뭉술

한 목차는 절대 안 된다. 그리고 목차의 생명은 가독성이다. 한 눈에 책 내용 전체가 일 수 있게 만들어야 한다. 그렇게 하기 위해서는 목차가 길면 안 된다. 작가도 힘들지만, 독자들이 더 힘들어진다. 목차를 작성하기 위해서 가이드 라인이 있어야 한다면 이런 것이 될 것이다.

첫째. 핵심 주제가 제대로 표현되었는가?
둘째. 재미있고 쉽게 표현되었는가?
셋째. 책의 내용과 맞는 목차 구성인가?
넷째. 표현이 정확하고 간결한가?
다섯째. 복잡하고 장황한 표현은 없는가?
여섯째. 목차들이 너무 길거나 어렵게 표현된 것은 없는가?
일곱째. 맞춤법과 띄어쓰기가 잘 되었는가?
여덟째. 독자의 눈높이에 맞추어 작성하였는가?
아홉째. 일목요연하고 가독성이 좋은가?

이 아홉까지 중에 세 가지를 선택하라고 한다면, 첫 번째인 핵심 주제가 제대로 표현되었는가와 세 번째 책의 내용과 맞는 목차 구성인가와 네 번째 표현이 정확하고 간결한가이다.가장 좋은 목차는 작가의 메시지가 무엇보다 쉽게 독자들에게 이해 될 수 있는 간결하고 일목요연한 목차다. 자 그렇다면 실제로 목차를 작성한 수강생들의 목차들을 살펴보자. 먼저 '당신의 자녀에게 게임을 허하라.' 라는 원고의 목차를 보면, 이 책의 핵심 주제가 제대로 표현되어 있고, 쉽고 재미있게 표현되어 있다는 것을 알 수 있다.

이제 3주차다. 서문 작성이다. 서문은 독자들이 가장 먼저 읽는 글이다. 그래서 본문보다 더 중요하다. 첫 인상이 중요하듯, 서문에서 강한 임팩트를 줄 수 있다면 반은 성공한 것이다. 서문은 독자로 하여금 이 책에 빠져들게 만드는 유혹(?)하는 글쓰기여야 한다. 최악의 서문은 독자의 소매를 잡아서 끌지 못하는 글이다. 서문은 반드시 그 글을 읽는 독자들을 놓쳐서는 안 된다. 서문을 본 독자들로 하여금 반드시 본문을 읽지 않으면 안 되게 만드는 것이 서문의 역할이다. 글쓰기란 바로 이래야 한다.

그래서 서문은 단순한 초대장이면 안 된다. 독자들로 하여금 오지 않으면 안 되는 소환장이 되어야 한다. 그렇다면 어떻게 써야 할까? 그래야 독자들이 모두 강제로 소환되는 것일까? 어떻게 하면 독자들이 이 책을 읽을지 말지의 고민에서 벗어나 쉽게 강력하게 읽을 것을 결정하게 만들 수 있을까? 더 이상 어떻게 하면 잘 쓸 수 있을까에 대해서 고민하지 말라. 아주 쉽게 서문을 잘 작성할 수 있는 꿀팁이 있다. 그것은 바로 '멋진 인용구나 명언으로 시작하는 것' 이다. 이렇게 멋진 인용구나 명언으로 시작하면 처음부터 독자로 하여금 몰입하게 만들 수 있다는 가장 큰 장점이 있다. 이 방법은 효과 만점이다. 실제

로 경험해 본 적이 적지 않고, 수많은 수강생들로 하여금 출판사와 계약이 되도록 해주는 일등 공신이다.

필자가 자주 사용하는 멋진 인용구는 동양 고전이다. 특히 사마천의 [사기]에 나오는 문장을 자주 인용한다. 하지만 멋진 인용구로 사용한다 고 해서 모든 것이 끝난 것은 아니다. 반드시 독자를 유혹하고, 심지어 최면을 걸 수 있어야 한다. 그래야 독자들이 소환되는 것이다. 앞에서도 이야기 했지만, 단어라고 해서 다 같은 단어가 아니다. 같은 의미이지만 더 강력한 단어들이 존재한다. 그것을 필자는 마법의 단어라고 부른다. 마법의 단어를 사용하면 독자들을 더 쉽게 유혹할 수 있다.

대표적인 마법의 단어는 이런 것이다. ‘기적’, ‘새로운’, ‘놀랄만한’, ‘혁명적인’, ‘주목할 만한’ ‘~에 관한 진실’ 그리고 마법의 단어를 사용하는 것보다 더 중요한 방법이 있다. 절대로 결론을 뒤로 보내지 말라는 것이다. 처음부터 핵심으로 들어가, 결론부터 이야기를 해야 한다. 서문 쓰기에서 주의해야 할 것은 서론이 너무 길거나 밋밋하면 절대 안 된다는 것이다. 서론이 너무 길면 독자들은 주저하지 않고 책을 던져 버린다. 내용이 너무 단조롭거나 밋밋해도 그렇게 한다. 서문 쓰기에 있어서 정말 조심해야 할 것은 kiss 기법이다. 멍청이도 쉽게 이해할 수 있을 만큼 심플하게 쉽게 작성해야 하는 것이 서문이고 본문이다. 모든 글쓰기의 최고의 지침은 kiss 기법이다. keep it simple, stupid!

글쓰기에서 가장 멍청한 짓은 글을 어렵게 복잡하게 작성하는 것이다. 특히 서문은 더 그렇다. 좋은 서문은 쉬운 글이다. 쉬운 글이 읽히는 글임을 명심하라. 읽히지 않는 책은 책이 아니다. 그러므로 쉽게 쓰도록 노력해야 한다. 자. 그렇다면 서문 샘플 사례를 살펴보자. ‘당신의 자녀에게 게임을 허許하라’ 라는 책의 서문이다.

서문 작성 사례 연구

서문: 왜 자녀에게 게임을 허락해야 하는가?

우리를 놀라게 하는 통계가 있다. 자살률 세계1위! 한국의 자살률이 OECD 국가들 중 11년째 굳건한 1위를 지키고 있고, 심지어 한국에서 2007년부터 2011년까지 자살로 생을 마감한 사람들의 수(71916명)가 같은 기간 이라크 전쟁 중에 사망한 군인과 민간인의 수(38625명)에 비해 2배 이상 많으며(3일 보건복지부 발표), 인구 10만 명 당 한국의 자살률(29.1명)이 최근 세계 최악의 경제난으로 나라 자체가 부도 위기라는 그리스의 자살률(4.2명)에 비해서도 약 7배나 더 많다
-오마이뉴스(시민기자), 15.10.12 10:47 조영훈(libero1002)

11년째 자살률 1위를 기록하고 있다. 자살의 연령대를 조사해 보면 청소년 자살은 해마다 증가하고 있다. 또 현재 20~30대 사망 원인 1위는 자살이다. 11년 전의 아이들이 커서 스스로 목숨을 끊었다고 말할 수 있다. 무엇이 우리 아이들을 자살로 몰아가고 있는가? 왜 우리 청소년들의 자살이 증가하고 있는가? 그 자살의 원인은 무엇인가?

청소년 자살 원인
1위- 성적, 진학(39.2%)
2위- 가정불화 (16.9%)
3위- 경제적 어려움(16.7%)

4위- 외로움과 고독(12.5%)
5위- 친구 따돌림(7.1%) -2012년 통계청

자살 생각을 해 본 청소년의 74%는 평상시 스트레스에 많이 시달렸다. -연합뉴스TV 4441(기사문의), yjebo@yna.co.kr

당신의 자녀는 성적, 진학, 가정불화 등으로 스트레스를 받고 있다. 이 스트레스를 극복하지 못해서 자살을 하고 있다. 청소년시절을 무난히 지나갔다 해도 청년이 되어 스트레스를 이기지 못하고 자살하는 사내가 발생한다. 우리가 청소년을 위해서 해야 할 일은 무엇인가? 당신 자신의 자녀를 위해서 무엇을 해줄 것인가? 청소년들이 스트레스에서 벗어날 수 있는 방법을 제시해야 한다. 스트레스가 왜 생기는 지를 알려줘야 한다.

스트레스가 진행되는 모습을 알고 어떻게 하면 스트레스와 맞설 수 있는가를 가르쳐 줘야 한다.

"명상은 마음을 열고, 어떤 것도 받아들일 수 있는 상태에서 자기 자신에 대해 인식하지 않는 경험이며 스트레스에 대한 면역성을 키우는 데 도움이 된다" -카네기 멜런 대학교, 데이비드 크레스웰 교수

"가만히 앉아서 내면을 들여다보면 우리의 직관이 깨어

나기 시작하고 세상을 좀 더 명료하게 바라보며 현재에 보다 충실하게 됩니다. 또 전보다 훨씬 더 많은 것을 보는 밝은 눈이 생겨납니다.” -스티브 잡스

현대인들이 알다시피 명상은 이미 그 효과를 인정받았다. 최고의 효과는 스트레스에서 벗어난다는 것이다. 또한 마음의 안정을 찾고 무한한 상상력을 발휘하며 위대한 창조력까지 나타낼 수 있다. 기업가라기보다는 정신이 결합된 물질의 혁명가로 생각되는 스티브 잡스의 말에서도 명상을 통해서 혜안이 생긴다는 것을 알 수 있다. 아이들뿐만이 아니라 어른들까지 현대인에게 필요한 스트레스를 줄이는 방법! 그것은 명상이라고 단언할 수 있다. 그러나 아이들에게 가만히 앉아서 한참 동안을 움직이지 않고 명상을 하라고 한다면 과연 당신의 자녀는 할 수 있겠는가? 웬만한 어른들도 힘들어하는 명상을 말이다.

“나는 평생 하루도 일 하지 않았다. 그것은 모두 재미있는 놀이였다. I
never did a day’ s work in my life. It was all fun.”
-토마스 A. 에디슨

사실 최고의 발명가 에디슨은 엄청난 실패를 거듭했다. 사람들의 조롱을 받으며 아무도 생각하지 못하는 자신만의 아이디어를 현실에서 나타내 보였다. 우리가 생각할

때 분명 엄청난 스트레스를 받았으리라. 그러나 에디슨은 말한다. 놀이를 즐겼을 뿐이라고. 우리 아이들에게 놀이의 즐거움을 알게 해 주어야 한다. 놀이는 스트레스를 줄이는 것뿐 아니라 무한한 상상력을 일으키는 원동력이 된다. 그렇다. 놀이와 명상의 결합!

이것이라면 아이들이 충분히 명상을 할 수 있다. 현재 청소년들에게 최고의 놀이는 온라인게임이다. 반면 부모에게는 최고의 문젯거리이기도 하다. 게임으로 명상을 한다면 청소년들은 놀이라서 흥미를 가질 것이다. 부모는 문젯거리를 도구로 삼아 자녀에게 집중력, 자제력, 심리적 안정과 나아가 창조력까지 전달해줄 수 있다. 물론 독서, 음악 감상, 운동, 등의 활동도 권장한다. 그러나 이 책에서 얘기하는 게임 명상을 시켜보기 바란다. 청소년은 나라의 보배다. 자녀는 부모의 희망이다. 우리 아이들이 스트레스를 조금이라도 덜 받길 바란나. 스트레스를 받더라도 잘 이겨내길 바란다. 자살충동에서 조금이라도 멀리 떨어지길 바란다. 자살충동이 생기더라도 잘 절제하길 바란다. 부모님들과 자녀들에게 조금이라도 도움이 되길 바라며 이 글을 쓴다.

또 하나의 서문 작성 샘플 사례를 살펴보자. 이번에는 [남편이 바람피워도 행복하게 살 수 있는 18가지 방법]이란 책의 서문을 보자.

<프롤로그> 당신, 오늘 행복한가요

“대부분의 사람은 마음먹은 만큼 행복하다.” – 에이브러햄 링컨

2014년 패션 매거진 <엘르>에서 42개국 여성들을 대상으로 설문조사를 했다. ‘지금 행복한가?’ 란 질문에 한국 여성은 평균 40%만이 ‘행복하다’ 고 응답하여 39위를 차지했다. 외모 만족도는 37%로 꼴찌를 차지했다.

우리나라 여성들은 왜 행복하지 않을까. 결혼생활에서 가장 큰 위기는 언제일까? 남편이 갑작스레 실직하여 온 가족이 길바닥에 나앉게 되었다면, 누군가 큰 병에 걸렸다면, 살다 보면 생각조차 하기 싫은 고통스러운 순간들이다. 그런데 평범한 여성들에게 가장 견디기 힘든 상황은 남편의 외도일 것이다. 배신감과 분노는 어떠한 표현으로도 쉽게 설명하기 어렵다. 남편의 바람을 알게 된 순간, 당신은 어떤 선택을 할 것인가. 무릎 꿇고 빌 때까지 화를 내며 싸울 것인가, 도저히 용서할 수 없는 남편과 당당히 이혼하고 또 다른 행복을 찾을 것인가. 그런데 문득 ‘아빠같이 되고 싶다’ 는 아이 생각이 난다. 처음이니 눈 딱 감고 한 번만 용서해줄까?

어떤 선택을 하던 우리는 이미 불행하다. 아무 일도 일어

나지 않은 행복했던 순간으로 돌아갈 수 없음을 잘 알기 때문이다. 그런데 남편의 외도로 인해 자신까지 불행하게 사는 것은 바보 같은 짓이다. 남편이 무슨 일을 하던 우린 행복하게 살 수 있다. 흔들리는 건 세상이지 우리 마음이 아니기 때문이다. 우리를 힘겹게 하는 상황에 동조하지 않고 그것을 살아내는 것은 우리 선택에 달렸다. 남편이 바람나는 것처럼 온 세상이 송두리째 흔들리는 것 같은 상황은 우리가 더 행복하게 살아야 할 또 하나의 이유가 될 뿐, 당신 불행과는 관련이 없다. 어떠한 상황에서도 우리는 마음먹은 만큼 행복할 수 있다. 인생의 묘미는 태풍이 몰아치는 그 순간, 태풍을 피하지 않고, 오히려 그 안으로 들어가 춤을 추며 그것을 즐기는 데 있다고 한다. 다가오는 고통을 피하기만 한다면 제대로 된 삶을 살아 볼 수 없을 것이다.

진정한 삶의 의미를 놓치고 매번 쉬운 길을 찾는다면 인생이 당신을 위해 준비해 놓은 것을 영원히 만날 수 없다. 매일 우리는 수많은 선택을 한다. 지금 내 모습은 내가 선택한 그대로다. 나는 행복하기로 선택했다. 그러한 선택을 할 수 있도록 도와 준 것이 많은 책들이다. 책을 통해 힘겨운 상황을 극복해나가는 사람들의 이야기를 들었고 내가 정말로 원했던 것을 알게 되었으며 따스한 위로를 받았다.

이 책은 나와 같은 3040 여성들에게 남편이 바람 피는 것처럼 혼자서 어찌할 수 없는 시련 속에서도 흔들리지 않을 수 있는 방법을 알려 주는 예방주사와 같은 책이 될 것이다. 난 여전히 명품가방이 좋고, 멋진 차를 타고 싶고 예쁜 집에서 살고 싶다. 그러나 지금 나는 갖고 싶은 것에 더 이상 집착하지 않는다. 원하는 것을 갖지 못해도 괴롭지 않고, 그것을 가지고 있는 타인을 질투하지도 않는다. 이제 내 인생의 지도를 내가 그릴 수 있게 된 것이다. 내 인생의 주인으로 사는 것이 행복의 시작이 아닐까.

문장을 어떻게 쓰면 좋을까? 고민할 필요가 없다. 본문 쓰기를 매일 매일 그날의 일에 대해서 기록하는 일기 쓰기와 같이 별개의 글쓰기라고 생각하면 된다. 어떻게? 이미 목차가 구성되어 있기 때문에 이것이 가능하다. 목차가 5장이고, 각 장 마다 소목차가 5개씩, 총 25개의 소목차로 구성된 책을 쓴다고 하면, 25개의 소 목차를 별개의 독립된 25개의 일기라고 생각하고 쓰면 된다. 25개의 소 목차를 쓸 때도 본문을 여러 개의 독립된 이야기의 단락으로 생각해서 여러 개의 단락을 계속해서 작성하면, 한 권 분량의 본문을 쓸 수 있게 되는 것이다.

본문 쓰기를 할 때 작가 중심의 글쓰기보다는 독자 중심의 글쓰기가 매우 중요하다는 점을 잊지 말자. 작가의 심장을 뛰게 하는 메시지보다는 독자의 가슴을 뛰게 하는 메시지가 더 낫다. 독자의 가슴을 뛰게 하기 위해서 필요한 것은 세 가지로 요약할 수 있다. 첫 번째는 호기심을 자극하는 도입부, 두 번째는 강한 인상을 지속적으로 줄 수 있는 본문 내용. 세 번째는 마음을 사로잡는 글 마무리다. 호기심을 자극하는 도입부를 작성하기 위해서는 내용도 중요하지만, 표현의 방식, 문체의 종류, 문장의 종류 등도 매우 중요한 포인트다.

첫 문장을 가급적으로 간결하게 써야 하고, 내용은 도발적이고 강렬할 수록 독자가 자극을 받게 된다. 또한 첫 문장은 명언이나 질문으로 시작하는 것도 좋은 방법이다. 강한 인상을 지속적으로 주는 본문을 쓰기 위해서는 비유법의 힘을 활용하는 것이 중요하다. 자신의 지식과 경험만으로 본문을 완성한다는 것은 어리석은 짓이다. 타인의 지식과 경험을 가져와야 한다. 심하게 이야기하면 훔쳐야 한다. 현인들의 지식과 경험, 사상과 견해를 훔치는 것은 도둑질이 아니라 우리 자신의 부족한 지식과 경험을 좀 더 완벽하게 보완해 주는 훌륭한 도구이다. 마음을 사로잡는 종결부를 쓰기 위해서는 문장을 입체적으로 작성하는 것이 중요하다. 지루한 반복은 절대로 해서는 안 된다. 강렬한 마무리는 입체적이고 다각적인 문장쓰기와 시각에서 비롯된다.

전쟁을 할 때 육지만을 생각해서는 안 된다. 해상도 있고, 하늘도 있다. 본문 쓰기도 마찬가지다. 입체적인 글쓰기란 예측 가능한 글쓰기, 문장쓰기에서 벗어나 다양한 문체와 다각적인 시각의 글 마무리를 이야기한다. 좋은 본문은 어떤 것일까? 좋은 본문의 기준은 무엇일까? 재미있고 유익해야 하지 않을까? 그리고 여기에 한 가지를 더 추가한다면, 좋은 본문은 늘 독자의 예상을 뛰어넘는 내용이어야 한다는 점이다.

누구나 예측가능하다면 그것은 평범한 본문이다. 하지만 독자가 전혀 예측할 수 없었던 본문 내용이라면, 그것은 비범한 본문이다. 이것이 좋은 본문의 조건이다. 본문 쓰기에서 문장 쓰기를 빼 놓고 이야기해서는 안 된다. 수많은 문장이 모여 본문이 되기 때문이다. 그렇다고 해서 문장만 잘 쓴다고 해서 좋은 책이 되는 것은 아니다.

문장은 약간의 연습과 훈련을 통해서 비슷한 수준의 문장을 쓸 수 있게 되지만, 본문 내용은 약간의 연습과 훈련만으로 절대 비슷해질 수 없다. 그렇기 때문에 좋은 책, 좋은 본문은 문장이 결정하는 것이 아니라 내용이 결정하는 것이다.

문장쓰기에 대해서는 이야기할 것이 많기 때문에 따로 챕터 한 장을 다 사용하여 8장에 담았고, 여기서는 가장 기본적인 몇 가지 문장 쓰기에 대해서만 말하고자 한다.

문장쓰기, 즉 글쓰기의 제1 원칙은 무엇일까? 글쓰기에 있어서 가장 중요한 것은 무엇일까? 화려함, 세련됨. 아름다움 등이 문장에 있어서 가장 기본적이면서도 중요한 요소일까? 아니다. 물론 아름다운 문장이 그렇지 못 한 문장보다 더 좋은 문장이지만, 아름다움보다 더 중요한 문장의 기본 요소가 있다. 그리고 그것은 바로 전달력이다. 문장이란 모름지기 전달력이 부족하면 문장의 원래 기능을 다하지 못하게 되기 때문에 전달의 기능은 문장의 첫 기능이며 본질적인 요소다.

전달력이 좋은 문장이 훌륭한 문장이라고 할 수 있다. 문장쓰기의 제1 원칙으로 전달력을 들어야 하는 이유가 바로 이것이다. 공자도, 아리스토텔레스도, 연암 박지원도 모두 이구동성으로 문장쓰기의 중요한 요소인 전달의 기능에 대해서 언급한 바 있다. 전달력이 좋은 문장을 쓰기 위해서 필요한 문장 쓰기 기술은 어떤 것이 있을까?

첫 번째로는 단어나 표현의 중복을 없애는 것이다. 예를 들면 '사전에 예측하다' 라는 표현보다는 '예측하다' 라고 하는 것이 중복을 없앤 좋은 표현이다. '갑자기 졸도하다' 라는 표현도 마찬가지다. 중복이다.

두 번째로는 피동형태의 표현보다는 능동 형태의 문장을 자주 사용하는 것이다. 예를 들면 '개선시키다' 라는 표현보다는 '개선하다'가 훨씬 더 전달력이 강하다. 다른 예를 살펴보면 이렇다. '구속시키다'보다는 '구속하다'라는 표현이 더 전달력이 강할 뿐만 아니라 우리말 바로쓰기에도 부합한다.

세 번째로는 일본식 말투, 영어식 말투, 번역 투의 말투는 피해야 한다. 예를 들면, '10년 동안 연구를 행한 끝에 큰 성과를 보았다'라는 표현보다는 '10년 동안 연구한 끝에 큰 성과를 보았다'라는 문장이 더 좋은 것이다.

네 번째로는 쉬운 표현을 자주 사용하라는 것이다. 어려운 표현은 작가와 독자 모두를 힘들게 한다. 예를 들면, '축적하다'라는 표현대신 '모으다'라는 표현은 어떨까? '통지하다'라는 표현대신 '알리다'라는 표현은 훨씬 더 쉽고 명확한 표현이다. '증진하다'라는 표현과 '늘리다'라는 두 가지 표현 중에 어떤 표현이 더 명확하고 쉬운 표현일까? 선택은 독자의 몫이다. 더 자세하고 많은 문장 쓰기에 대한 이야기는 8장에서 본격적으로 하겠다.

한 가지 명심해야 하는 것은 이론적으로 배워서 가능한 것이 글쓰기가 아니다. 글쓰기는 반드시 자신이 직접 배우고 익혀야 한다. 실습이 더 중요한 것이 글쓰기이며, 실제로 하지 않고, 이론적으로 이해하고 암기한다고 해서 글쓰기 실력이 증가하는 것은 절대 아니다. 바로 이런 점에서 실제로 책을 한 권 출간해 본 사람은 달라도 어딘가 다르기 마련이다.

첫 문장을 쉽게 쓰는 3가지 방법

책쓰기에 있어서 초보자들이 가장 힘들어 하는 것 중에 하나가 첫 문장을 시작하는 것이다. 첫 문장을 쓰지 못해서 몇 시간씩 낭비하고 급기야는 책쓰기를 그 날은 포기하는 경우가 적지 않다. 하지만 첫 문장을 쉽게 시작하는 방법이 있다.

첫 번째는 질문으로 시작하는 것이다. 질문을 해 보면 놀랍게도 그것에 답하기 위해서 글을 쓰다보면 글쓰기가 술술 풀리게 되는 경우가 많다. 그래서 첫 문장이 매우 중요한 것이다. 이 방법은 [총.균.쇠]의 저자인 제레드 다이아몬드가 많이 사용하는 방법이기도 하다

. "왜 대한민국 사람들은 오직 읽기만 하는 바보가 되었을까?" 한국 사회를 살펴보면 '공부의 신' 은 정말 차고 넘칠 만큼 많다. 그런데 놀랍게도 '독서의 신' 은 찾아보기 어렵다. 반대로 일본에서는 '독서의 신' 들을 쉽게 찾아볼 수 있다. 바로 이 차이가 패전국 일본이 초강대국으로 성장할 수 있었던 이유이다." <
김병완, [김병완의 초의식독서법], 19쪽>

이렇게 질문으로 시작하면, 독자들이 주의집중을 하게 되고, 자연스럽게 몰입하게 된다.

두 번째는 질문 대신 대화로 시작하는 방법이다. 대화로 시작하면 글쓰기라는 제한된 상황에서 벗어나 말을 하는 것처럼 느껴져서 쉽게 이야기를 풀어나갈 수 있다. 사례를 살펴보면 이렇다.

" '나이 들어 보세요. 재미있어요.' 백발의 노신사가 젊은이에게 한 말이다. 젊을 때는 나이 드는 것이 싫고 노인의 부정적인 모습만 떠올리지만, 실제 나이 들어 보니 재미있다는 말이다. 그렇다. 태어나서 죽을 때까지 삶의 궤적을 따라가다 보면 재미없는 나이가 어디 있으랴. 물론 스무 살의 즐거움과 마흔, 쉰 살이 되었을 때 느끼는 삶의 즐거움은 전혀 다르다. 그러나 달라서 더 특별하고 가치가 있다. 그걸 모르고 현재 나의 상태를 다른 시기와 비교한다면 우리는 일생토록 후회하고 억울한 삶을 살아야 할 것이다. 지금을 살면서도 한 번도 제대로 살지 못하는 슬픈 삶이다. 인생은 어느 시기건 그에 알맞은, 그때만 느낄 수 있는 즐거움이 있다. 그것을 충분히 느끼면 산다면 성공한 인생이다. "<[나는 죽을 때까지 재미있게 살고 싶다] 이근후 17쪽>

세 번째 방법은 속담이나 격언, 명언, 인용구로 시작하는 방법이다. 필자도 많이 사용하는 방법이다. 명언으로 시작한 사례를 한 번 살펴보자.

" '훌륭함은 가르칠 수 없다.' 그렇다. 소크라테스의 이 명언처럼 학교에서 배울 수도, 누가 누구에게 가르쳐 줄 수도 없는 것이 바로 훌륭함에 이르는 길일 것이다. 탁월해지고 훌륭해지는 것은 가르칠 수도, 배울 수도 없다. 훌륭함을 가르칠 수 없는 이유는 무엇일까? 독특함에 본질을 두고 있기 때문이다. 훌륭함은 결국 남과 다른 독특함에서 비롯된다. 이런 이유에서 남들처럼 열심히 일만 한다고 평범한 삶에서 벗어나지 못한다. 열심히 일해도 어제와 오늘이, 오늘과 내일이 같다. 하지만 독특함에 미치는 사람은 어제와 전혀 다른 내일을 살아갈 수 있다. "<[독특함에 미쳐라] 김병완 4쪽>

좋은 문장을 쓰는 5가지 방법

그렇다면 어떻게 해야 간결하고 명확한 문장, 즉 좋은 문장을 쓸 수 있을까? 좋은 문장을 쓰는 가장 쉬운 방법은 문장에서 불필요한 것들을 줄이는 것이다. 불필요한 것들만 줄여도 글은 전혀 달라진다. 아주 유명한 작가가 있다. 필자도 존경하는 분이다. 그런데 이 작가가 한시를 번역할 때의 일이다. 어떤 한 시를 번역을 이렇게 했다고 한다. "텅 빈 산에 나뭇잎은 떨어지고, 비는 부슬부슬 내리는데." 이 글을 본 스승은 면박을 주면서 이렇게 말했다고 한다. "여기 '텅' 자가 어디 있냐? '나뭇잎' 에서 '잎' 이라고 해도 되겠지, '떨어지고' 도 '지고' 로 해도 말이 통하지. '부슬부슬 내리고' 에서 '내리고' 를 생략해도 말이 통하겠지."

결국 이렇게 되었다고 한다. "빈 산 잎 지고 비는 부슬부슬" 이 일로 그 작가는 큰 충격을 받았다고 한다. 그리고 글쓰기에 큰 영향을 받았다는 것이다. 불필요한 글자만 줄여도 글은 몰라보게 좋은 문장이 된다. 간결하고 명확한 좋은 문장을 쓰는 방법을 간략하게 정리해서, 5가지 방법을 소개하면 이렇다.

첫 번째 방법은 문장을 화려하게 치장하거나 꾸미려고 하지 않아도 된다. 이렇게 말이다. 전세가는 더 이상 추가상승의 여력이 없어 보인다. ⋯› 전세가는 더 이상 오르지 않을 것이다.

두 번째 방법은 형용사, 부사, 접속사, 조사를 최대한 생략하면 된다. 이렇게 말이다. 우리는 그 과제를 아주 상당한 기간 동안 해야 할 것 같다. ⋯› 우리는 그 과제를 상당기간 해야 할 것 같다. / 나는 개인적으로 우리나라가 통일이 되기를 바란다. ⋯› 나는 우리나라가 통일이 되기 바란다. '눈으로 덮여 있는 산 '이라는 문장보다는 더 간결하게 만들고자 하면 어떻게 하면 좋을까? ' 눈으로 덮인 산 '이 더 간결하다.

하지만 더 간결하게 해도 좋다. 이렇게 '눈 덮인 산'이 가장 간결한 문장이다. '내 인생에 있어 독서는 전부다' 라는 문장을 간결하게 만들어 보자. 불필요한 것을 생략하면 이렇다. '내 인생에 독서는 전부다' . '선생님의 주장에 대해서는 거부할 수 없습니다.' 라는 문장을 바꾸어 보자. '선생님의 주장에 거부할 수 없습니다.' 가 좋은 문장이다. '선동에 의해 조종당하는 민중들' 보다는 어떤 문장이 좋을까? '선동에 조종당하는 민중' 이라는 표현이 더 좋지 않은가? '어릴 적 실수로부터 우리는 배운다.' 라는 표현보다는 '어릴 적 실수에서 우리는 배운다.' 라는 표현은 어떤가? '아이들이 놀라기 시작했다' 라는 표현보다는 '아이들이 놀랐다' 가 더 간결한 문장이다. '외부 세계로부터 격리된 사람들' 보다는 '외부 세계와 격리된 사람' 이 더 좋은 문장이지 않을까? '그 두 사람은 가까운 관계에 있었다.' 라는 문장보다는 '그 두 사람은 가까운 사이였다' 혹은 '그 두 사람은 가까웠다' 라는 표현이 더 좋지 않을까? 특히 조심해야 할 조사가 있다. 바로 '-의' , '-적' 이다. '고민의 해결' 이라는 말보다는 '고민 해결' 이 더 좋은 표현이다. '스스로의 힘으로 성취해야 한다' 보다는 '스스로 성취해야 한다' 가 더 좋다.

세 번째 방법은 동일한 의미의 단어 중에 한 자라도 더 짧은 단어를 선택하는 것이다. 예를 들면 이렇다. 증진하다 ⋯▸ 늘리다 / 고안하다 ⋯▸ 만들다 / 가시화하다 ⋯▸ 나타내다 / 경감시키다 ⋯▸ 줄이다.

네 번째 방법은 명사로 표현된 글들을 동사 표현으로 바꾸면 된다. 예를 들면 더 쉽게 이해가 될 것이다. 저 개는 탁월한 개의 전형이다 ⋯▸ 저개는 탁월하다. 그녀는 완벽한 본보기다 ⋯▸ 그녀는 완벽하다. 의존 명사 '것' 도 다른 표현으로 바꾸면 좋은 문장이 된다. 예를 들어 보면 이렇다. '당신이 좋아한다는 것의 증거' 라는 문장을 '당신이 좋아한다는 증거' 로 바꾸면 더 좋은 문장이라고 할 수 있다.

다섯 번째 방법은 일본식 말투, 중국식 말투, 영어 번역 발투를 버리는 것이다. 일본식 말투는 우리글을 복잡하게 만들고 불필요하게 길어지게 만든다. 그래서 일본식 말투를 자주 사용할수록 문장이 매끄럽지 못하게 되고, 쓸데없이 군더더기가 많은 문장이 된다. ~에 의하면 ⋯▸ ~를 보면 (신문 기사에 의하면 ⋯▸ 신문 기사를 보면) / ~에 있어서의 ⋯▸ ~에서(서양에 있어서의 ⋯▸ 서양에서) / ~에서의 ⋯▸ ~의(북한에서의 ⋯▸ 북한의) / ~에 처한 ⋯▸ ~에 빠진(상황에 처한 ⋯▸ 상황에 빠진) / ~에로의 ⋯▸ ~으로(혈중에로의
⋯▸ 혈중으로) / ~으로서의 ⋯▸ ~이라는(인간으로서의 ⋯▸ 인간이라는) / ~으로서의 ⋯▸ ~으로서(전문직으로서의 ⋯▸ 전문직으로서) / ~에 의해 ⋯▸ ~때문에(출근길 정체

에 의해 ⋯› 출근길 정체 때문에). 영어 번역 표현의 예는 이렇다. 10년 간 연구를 행한 끝에 ⋯› 10년 간 연구한 끝에. 중국식 말투의 예다. 위치하고 있다 ⋯› 있다 / 대구에 위치한 팔공산 ⋯› 대구에 있는 팔공산 / 일본과 한국 사이에 위치하고 있는 동해안 ⋯› 일본과 한국 사이에 있는 동해안 / 가능성을 배제하지 않고 있다 ⋯› 할 수 있을 것 같다. 중국글자 말투 중에서 가장 큰 문제가 되고 있는 '~적,~화, ~감, ~하, ~시, ~상, ~리' 들의 경우다. 형식적으로 ⋯› 형식으로 / 내용적으로는 ⋯› 내용으로는 / 과격화해지는 ⋯› 과격해지는 / 분위기하에서 ⋯› 분위기에서 / 기대감으로 ⋯› 기대로 자신감 있게 ⋯› 자신 있게. 기억하자. 문장을 꾸미고 치장하려고 하는 것은 좋은 문장의 조건에 정면으로 위배된다. 최대한 꾸미지 말고 담백하게 쓰면 되는 것이다. '어렵고 교묘한 말로 글을 꾸미는 건 문장의 재앙이다.' 라고 허균도 말 한 적이 있다.

5주 차 _ 어떻게 출판사를 유혹할 것인가? 출간 기획서 작성 수업

여기까지 책쓰기를 충실하게 했다면 이제 출판사에 정식으로 원고 투고를 하여, 자신의 책이 세상에 나갈 준비가 되었다는 것과 이런 책도 세상에 존재한다는 사실을 알려야 한다. 원고 투고는 이런 점에서 출사표와 다름없다. 수 백 군데 이상의 출판사에 원고 투고를 해도, 계약이 된다는 점은 보장할 수 없지만, 우리가 투고도 하지 않는다면, 절대 계약되는 일은 생기지 않는다. 그렇다. 출판사에 투고하는 행위는 출사표와 다름없다. 그리고 이것을 하기 위해서는 약간의 용기와 출간 기획서만 있으면 가능하다.

문제는 출간 기획서를 어떻게 작성하느냐 이다. 한 번도 해 본 적이 없는 사람에게는 무척 힘든 일이지만, 누군가가 도와준다면 그렇게 힘든 일도, 어려운 일도 아니다. 출간 기획서는 면접을 보는 것이며, 서문으로 자기소개와 책 소개를 하는 것이다. 책을 쓴다는 것은 자기 자신을 노출한다는 것을 의미한다. 출간 기획서는 세상에 책을 내 놓기 위해서 먼저 출판사에 자기 자신과 책을 노출시켜서, 출판사의 마음을 사로잡기 위한 최고의 도구라고 할 수 있다. 출간 기획서에 꼭 들어가야 할 필수 사항은 무엇일까?

책의 제목과 목차, 서문, 본문 샘플, 저자 소개이다. 여기에 이 책만의 차별성과 원고 방향, 예상 독자, 비교 도서 분석 등이 추가 되면 완벽한 출간기획서가 된다. 책의 제목은 책의 내용을 제대로 알려 줄 수 있는 것이어야 한다. 발음하기 편하고 기억하기 쉬운 제목이어야 한다. 저자 소개는 이 책의 저자를 한마디로 표현할 수 있어야 한다. 저자 소개를 작성할 때, 가장 중요한 것은 있는 그대로 솔직하게 작성하는 것이다. 혹자는 거짓으로 자신의 경력이나 학력을 추가하는 데. 이것은 절대 해서는 안 된다.

예상 독자에 대한 설명도 출간 기획서에 포함되면 좋다. 당신이 쓰고 있는 이 책이 누구에게 읽힐 것인지, 그리고 왜 예상 독자들이 당신의 책을 구매해야 하고 읽어야 하는 지에 대해서도 언급하는 것이 좋다. 이 책이 기존에 나온 비슷한 주제의 책들과 차별되는 독특한 점에 대해서도 언급하는 것이 좋다. 왜냐하면 차별성은 가장 큰 장점이기 때문이다. 실제로 출간기획서 샘플을 보는 것이 백 번 설명을 듣는 것보다 나을 것이다. 그리고 명심하라. 실제로 한 번 작성해 보는 것이 남의 것을 백 번 보는 것보다 더 많은 것들을 배울 수 있게 해 준다는 사실을 말이다.

남편이 바람피워도
행복하게 살 수 있는 18가지 방법

1. 제목

남편이 바람피워도 행복하게 살 수 있는 18가지 방법
– 평범한 워킹맘의 거친 세상 행복하게 살아가는 이야기

2. 저자소개

"나는 까칠한 여자입니다."

숨 쉬는 것조차 버거운 하루...... 매사에 짜증이 나 평범한 일상을 보내는 것 자체가 쉽지 않았다. 바쁜 출근길에 누군가 발을 밟기만 해도 피가 거꾸로 솟았다. 낯선 이가 길을 묻는 것도 불쾌했다. 아무 상관없는 타인에게 길을

가르쳐 줄 여유 같은 것은 없었다. 내 귀중한 시간을 빼앗는 그런 사람들에게 매번 화가 났다.

4년간의 여대 생활을 마감하고, 정시퇴근과 안정적인 근무환경을 꿈꾸며 공기업에 입사했다. 담당하게 된 업무는 경쟁률 1,000:1을 자랑하던 장기전세주택 입주자 선정업무.
(서울시에서 20년간, 주변아파트 전세시세의 80%수준으로 공급하는 아파트 ex-반포자이, 래미안 퍼스티지 등)

장기전세주택 입주를 원하는 민원인들로 사무실은 만원이었고 문의전화가 폭주했다. 그들은 항상 불만이었다. 원하는 아파트에 들어갈 수 없어서 불만, 생각보다 비싸서 불만, 하자가 생겨서 불만, 전화연결이 잘 안되서 불만...

불평불만은 생각보다 전염성이 강하다.

민원인들이 모두 돌아간 저녁 6시 이후에야 업무를 시작할 수 있었다. 야근과 휴일 근무는 1년 내내 지속되었다. 매일 민원전화에 시달리다 보니, 핸드폰에 울리는 지인들의 전화조차 싫었다. 결혼해서 남편이 벌어다 주는 돈으로 쇼핑하고 편하게 지내는 친구들을 질투하고 시기했다. 학창시절, 분명 내가 공부도 더 잘했다. 세상이 잘

못된 거라 생각했다.

아침마다 화가 났다. 모든 일상에 분노했다. 아무도 만나지 않았고 퇴근하면 잠만 잤다.
1년간 그렇게 지내다 보니 몸과 마음은 이미 폐인이 다 되어 있었다.

까칠한 여자, 무심한 남자와 결혼하다.
이익훈 어학원에서 만나게 된 남편. 동갑내기 남편과 6년 간 연애 후, 결혼하게 되었다.
성질 급한 나는 게으른 남편의 행동 하나하나가 마음에 들지 않았다. 연애 시절 내내 싸운 적이 없었기에 적잖이 당황했다. 성격이 잘 맞는다 생각했는데, 남편이 그냥 무조건적으로 맞춰주었던 것. 결혼 후 남편은 자기 목소리를 내기 시작했다.

남편은 핸드폰 게임과 만화를 가장 좋아했다. 내가 가장 싫어하는 것을 가장 좋아하는 남편. 내가 싫어하는 것은 안 하는 줄 알았었는데, 몰래몰래 다 하고 있었나 보다. 남편은 내가 아무리 늦어도 걱정하지 않았다. 나를 믿는다고 했다. 생각보다도 훨씬 무심한 남편에 실망하고, 나는 점점 더 까칠해져 갔다. 그래도 아직 세상은 나를 중심으로 돌아가고 있었다.

자기밖에 모르던 이기적인 여자, 엄마가 되다.

밤만 되면 아이는 울었다. 태어난 지 1년이 지났지만 여전히 1~2시간 간격으로 우는 아이는 나를 지치게 했다. 다른 집 아이들은 백일만 지나면 낮과 밤을 가리기 시작해 7시간 내내 잠을 잔다는데, 아이는 돌이 지나도 신생아같이 밤새 울었다.

노력해도 되지 않는 일이 있다는 걸 처음 알게 해 준 엄마라는 자리. 엄마가 된 것을 무척이나 후회했다. 처음으로 내가 아닌, 아이가 중심인 세계에 내던져진 현실을 원망했고, 아이를 원망했다. 우연히 <불량육아>란 책을 읽게 되었다. 아이는 어떻게 자라는지, 아이에게 엄마는 어떤 존재인지를 알게 되면서 힘들어하기만 했던 지난 1년에 미치도록 가슴 아팠다. 엄마가 세상의 전부인 아이에게 화를 내던 순간순간이 떠올라 눈물만 났다.

1년 후 복직할 예정이었으나, 최소 3년은 엄마가 아이를 키워야 한다는 것을 알게 되었다. 고민 없이 2년 더 휴직을 신청했다. 전례가 없던 장기 휴직이라 반려될 가능성도 있었다. 승인이 되지 않으면 미련 없이 퇴사할 생각이었다. 어느 새 나의 가치관은 달라져 있었다.

"돈으로도 살 수 없는 것이 시간이다."

아이는 여전히 밤마다 울었지만, 더 이상 고통스럽지 않았다.

행복의 첫 발걸음을 내딛은 것이다.

"이제는 세상 누구보다도 행복한 여자입니다."

어린 시절부터 책을 무척 좋아하였으며 도서관에 있는 모든 책을 다 읽고 싶다는 꿈을 가지고 있었다. 나에게 희망을 보여준... <불량육아>란 책을 시작으로, 닥치는 대로 책을 읽었다. 지난 36년간 읽었던 책보다 훨씬 많은 책을 휴직 기간 동안 읽게 되었다. 카카오톡을 삭제하고 인터넷 쇼핑을 끊었다. 시간도 행복도 내가 선택하는 것.

매 순간 아이의 마음을 읽으려 노력했으며, 남편 입장이 되어 이해하고자 했다. 육아 휴직 2년차부터는 급여가 지급되지 않는다. 경제 사정은 점점 더 나빠졌지만, 나는 점점 더 행복해졌다.

연애시절과 또 다른 결혼 생활에 부딪히면서 노력해도 되지 않는 일이 있다는 것에 크게 좌절한 후 남편과 싸우지 않는 방법, 아이를 잘 키우는 방법에 대해 고민하다 인생을 살아가는 것에 대한 답을 얻게 되었다. 까칠했던 나는 원하는 대로 되지 않는 인생에 불만투성이였지만, 남편과 아이와 함께 책을 읽으며 계속해서 성장하려 노력 중이며 어떠한 상황이 발생하더라도 헤쳐 나갈 수 있는 근력을 키우고 있다.

현재는 책을 쓰고 있는 작가이다. 책을 쓰면서 끊임없이 성장하고 이 땅의 3040 여성들과 소통하면서 더 행복한 삶을 함께 하고자 내공을 기르고 있다. 행복은 누구나 가질 수 있다. 이 책을 통해 많은 여성들이 그들 안에 있는 행복을 꺼낼 수 있도록 돕고자 한다.

저자 약력

2007년 성신여자대학교 국문학과 졸업
2008년 에스에이치공사 입사
2012년 동갑내기 남편과 결혼
2013년 3CS코칭 과정 수료
2014년 독서논술지도사 과정 수료
2016년 현재 육아휴직 중이며 8월 복직 예정임

3. 기획의도

2016년, 대한민국 3040 여성들은 행복하지 않다.

대한민국 3040대 여성들은 한강의 기적으로 소득수준이 상승한 베이비부머의 자식들로서 부족한 것 없이 자란 첫 번째 세대이다. 부모의 갖은 지원 하에 열심히 공부하고, 자신의 일에 최고가 되고자 부단히 노력하였으며 자아실현이 무엇보다 중요하다.

미래를 위해 앞만 보며 달려 온 그녀들에게 브레이크가 걸린다.

결혼을 하고, 아이를 낳은 후 인생은 180도 달라진다. 내 마음대로 되지 않는 인생에서 이제는 아이, 남편까지 모두 돌봐야 한다. 아내, 며느리, 엄마, 직장... 너무 많은 임무를 지니고 있는 3040 여성들이 행복해지기는 사실 쉽지 않다.

그렇지만 행복은 멀리 있지 않다. 행복할 수 있는 방법은 의외로 간단하다. 복잡하게 얽혀 있는 실타래에서 내가 진정 원하는 것을 아는 것이 행복해지는 첫걸음이다.

3040 여성들이 불평하지 않기를 바란다. 좀 더 행복해지고 더불어 그들의 자녀가 건강하게 자라기를 바란다. 엄마가 행복하면 아이가 행복하다. 행복한 아이는 우리나라의 미래를 밝게 할 것이다.

대한민국 여성들의 희망온도를 올리자.

4. 핵심주제

- 행복도 불행도 모두 나의 마음에 달려 있다.
- 우리는 어떠한 상황에서도 행복해질 수 있다.

- 누구라도 지금 당장 행복해질 수 있다.
- 행복하기로 선택한 순간 행복해진다.

5. 타겟독자

- 행복하지 않은 3040 여성
- 행복해지고 싶은 3040 여성
- 마음대로 되지 않는 인생이 불만인 3040 여성
- 힘든 일상에서 벗어나고 싶은 3040 여성
- 육아와 가사일이 벅찬 3040 여성

6. 책의 장점 및 차별성

- 실생활에 바로 적용할 수 있는 간단한 행복 비결을 제시한다.
- 저자의 실제 사례를 담아내어 독자들이 쉽게 공감할 수 있다.
- 딱딱하고 지루한 자기계발서가 아닌, 영화, 드라마, 고전 등 풍부한 사례를 담고 있다.
- 평범한 워킹맘이 전하는 행복이야기로 누구나 부담없이 읽을 수 있다.
- 누구라도 겪을 수 있는 상황들을 생생하게 전달하여 지루하지 않다.

- 원하는 것을 포기하지 않고도 행복해질 수 있는 방법을 제시한다.

7. 마케팅 전략 및 홍보문구

마케팅 전략

- 개인블로그와 facebook, 카카오스토리를 통한 홍보
- 레몬테라스 네이버카페 (회원수 2,910,000명)을 통한 홍보
- 김병완 작가 facebook을 통한 홍보
- 김병완 작가 블로그를 통한 홍보
- 김병완TV 유튜브를 통한 홍보
- 전국도서관 구입독서 신청

홍보 문구

- 남편이 바람피나요? 이제 나는 더 행복해 질 수 있겠네요!
- 남편이 바람피나요? 그렇다면 행복해질 일만 남았어요.
- 이 책을 펼치는 순간, 행복 바이러스가 온 몸에 퍼질 것입니다.
- 대한민국 3040 여성들의 행복 solution
- 행복, 이제는 당신 차례.
- 삶이 버거운 당신에게 전하는 리얼 행복 솔루션
- 바람난 남편, 청개구리 우리 아이 내 편 만들기

8. 원고 완성 및 기타사항

(1) 원고 완성일

2016년 10월 15일

(2) 예상 페이지수

240 페이지

(3) 예상 정가 및 판매 부수

12,000원 / 50만부

9. 목차

생략

10. 서문

생략

11. 샘플원고

첨부파일 참조 부탁드립니다.

출간기획서를 80~90% 정도 작성했다면 과감하게 원고 투고를 하는 것이 좋다. 왜냐하면 많은 예비 작가들이 기획서를 100% 즉 완벽하게 작성을 한 후에 보내고자 한다. 하지만 이 세상에 완벽한 것은 없다. 80% 정도 완성이 되었다면 출판사에 보내서 출판사의 의견과 평가를 듣는 것이 좋다. 예비 작가들이여, 무엇이 두려운가? 과감하게 출판사에 원고 투고를 해 보라.

수많은 거절 메일을 절대 두려워해서는 안 된다. 수많은 거절 메일은 당신이 성장했음을 알려 준다. 절대 기죽지 마라. 거절 메일을 많이 받았다는 것은 당신이 실패를 두려워하지 않고, 최선을 다해서 도전하고 또 도전했음을 알려 주는 자랑스러운 증거인 셈이다.

원고 투고를 출판사에 많이 하는 것이 무조건 좋은 것은 아니다. 해야 할 때 주저해서는 안 된다. 완벽하게 순비해서 한 번에 하고자 하는 것도 좋지만, 어느 정도 책의 윤곽이 나왔다면 그리고 책의 포지션이 정확히 정해 졌다면 충분하다. 원고 투고를 할 때 거절 메일을 두려워해서는 안 된다. 거절 메일을 받아도 절대로 슬퍼하거나 노하지 말고, 오히려 즐거워하라.

거절메일을 받을수록 당신의 도전은 더 가치있는 것이 되기 때문이다. 단 한번의 원고 투고로 작가가 되고, 단 한 번의 출간으로 베스트셀러가 된다면 그것은 너무나 인생을 쉽게 사는 것이다. 인생의 의미와 가치는 그런 것이 아니다.

10년 동안 무명인 배우와 딱 1년만 무명인 배우는 유명배우가 되고 나서, 얼마나 높게 올라가고 얼마나 오래 사랑받는가가 다르다고 하지않는 가?

10년 동안 무명으로 배우 생활을 한 사람들은 그 아픔과 고통으로 대배우가 되고, 국민 배우가 된다고 한다. 그러므로 지금 당장 힘들고 어렵고 마음대로 되지 않는 그런 실패와 시련을 절대 두려워해서는 안 된다. 실패한 만큼 성장하고 배우게 된다.

원고 투고를 하기 위해서는 출판사 메일 주소가 필요하다. 그런데 예비 작가들에게는 출판사 메일 주소를 확보하는 것이 무척 힘든 일이다. 이럴 때는 어떻게 해야 하는 것일까? 출판사마다 홈페이지가 있기 때문에 그곳에서 직접 투고를 할 수도 있지만 이럴 경우 너무나 많은 시간과 노력과 에너지가 들기 때문에 추천하고 싶지 않다. 가장 쉽게 빨리 많은 출판사에 자신의 원고와 출간기획서를 보내는 방법이 있다.

서점에 가서 자신이 쓰고 있는 분야 코너에 가서 그 곳의 책들을 살펴보면, 출판사마다 메일 주소를 쉽게 찾을 수 있다. 한 시간 정도면 수 십 개 이상의 출판사 메일 주소를 확보할 수 있을 것이다. 시간이 날 때 마다 서점에서 가서 한 두 시간 씩 출판사 메일 주소를 수집하면, 멀지 않아서 수 백 개 이상의 출판사 메일 주소를 확보하고 있는 준비된 작가가 될 수 있다.

본문을 잘 쓰는 쉽고 간편한 3가지 방법

본문 쓰기라고 하면 문장 쓰기와 단락 쓰기로 나눌 수 있다. 그런데 문장 쓰기는 이미 너무나 많은 이들이 잘 하지만, 단락 쓰기는 익숙하지 않다. 그 이유는 무엇일까? 그것은 단락이란 것이 현대에 만들어진 책쓰기의 또 다른 하나의 발명품에 불과하기 때문이다. 과거에는 단락이란 것이 없어서 처음부터 끝까지 연결되어 있다고 생각하면 된다. 단락 쓰기를 어떻게 할까가 바로 본문 쓰기의 가장 큰 고민일 것이다. 세 가지 유형만 기억하고 글쓰기를 적용하면 된다.

첫 번째 유형은 Q-A-O 다.

“질문하기Question - 대답하기Answer - 주장하기Opinion”

“글을 쓸 때 진짜 인생이 펼쳐지는 이유는 무엇인가? (질문하기) 글을 쓰면 자기 자신만의 새로운 콘텐츠가 생기기 때문이다. 새로운 콘텐츠는 감성과 창조의 시대에 가장 큰 재화가 된다. 글쓰기는 인간이
혼자서 무엇인가를 재창조하고, 만들어낼 수 있는 위대한 도구이며, 수단이며 동시에 목적이 된다. 그래서 글쓰기는 수많은 사람들의 인생을 기적처럼 바꾸어놓고도 남는다. (대답하기) 글쓰기처럼 위대한 인생 혁명 수단은 존재하지 않는다. (주장하기)” <[김병완의 책쓰기 혁명] 김병완 중에서>

두 번째 유형은 P - C - S 다.

“현상Phenomena - 원인Cause - 해결책Solution”

예를 들면 이렇다. 우리나라에는 학문분야 노벨상 수상자가 없다. 반면 일본에는 수십 명이나 있다. (현상제시) 그 원인은 분명하다. 한국 사회는 독서 빈국이기 때문에 한국인들의 사고력이 유연하지 못하고 깊이가 없는 반면, 일본 사회는 독서 강국이기 때문에, 일본인들의 사고

력이 유연하고, 깊이가 있다. (원인설명) 대한민국을 세계 최고의 독서 강국으로 만들면 세계 최고의 인재들이 많이 배출될 것이다. 그래서 대한민국 독서 강국을 실현하면 학문분야에서도 노벨상 수상자들이 많이 탄생할 것이라고 믿는다. (해결책)

세 번째 유형은 F-C-O 다.

"명언famous saying - 사례Case- 주장Opinion

예를 들면 이렇다. "하버드 대학교의 졸업장보다 독서하는 습관이 더 중요하다" 마이크로소프트사를 창립한 빌게이츠가 한 말이다. (명언, 격언) 빌게이츠는 실제로 미국의 명문대인 하버드대학교를 중퇴했다. 그래서 하버드 대학교의 졸업장 없이 독서하는 습관 덕분에 세계에서 가장 성공한 사람 중에 한 명이 될 수 있었다. (사례) 대학교 졸업장 같은 화려한 스펙보다 독서가 성공을 결정짓는다. (주장)

칼리지만의 본문 작성법 _ SECCT 본문 작성법

책쓰기 수업을 듣는 일반인들의 가장 힘든 점은 무엇일까? 바로 한 권의 책이 될 만큼 원고의 양을 채우는 것이다. 200자 원고지 1000장은 넘어야 한 권의 책이 될 수 있다. A4 용지 120장 정도를 써야 책 한 권이 될 수 있다. 그런데 이것이 힘들다는 것이다.

아무리 쓰고 또 써도 50% 도 안 된다고 하소연하는 분들이 적지 않다. 그래서 필자가 만든 본문 작성 기법이 바로 SECCT 본문 작성 기법이다. 먼저 소목차의 키워드와 키문장을 하나씩 만든다. 그리고 그 키 문장을 토대로, 그것만의 이야기를 중심으로 하나의 본문을 작성한다. 이어서 독립적으로 그 키 문장을 토대로, 그것만의 사회적 증거Evidence를 중심으로 하나의 본문을 작성한다. 다음에는 그 키 문장을 토대로, 그것만의 사례case를 중심으로 또 하나의 본문을 작성한다. 그리고 키 문장에 대한 주관적인 작가의 생각Thought을 중심으로 또 다른 하나의 본문을 작성하고, 또 그 키 문장에 대한 종합적이고 객관적인 결론Conclusion을 중심으로 또 다른 하나의 본문을 작성한다. 이렇게 하나의 소 목차라도 5가지 관점에서 독립된 본문을 만들어 나가면, 한 권 분량의 원고를 작성하는 것은 그렇게 어렵지 않다는 것을 알게 된다. 그리고 이 단락들을 항상 같은 패턴으로 순서를 정하지 말고, 목차별로 다르게 구성을 하면, 5 * 5 = 25개의 구문 패턴이 발생하게 된다. 그렇기 때문에 패턴이 같은 구문을 반복해서 사용하지 말고, 독자들로 하여금 참신하게 느낄 수 있도록 구문의 패턴과 흐름의 순서를 항상 바꾸는 것이 좋다.

여기에 영화, 책, 논문, 역사, 과학 등을 중심으로 하여 여러 가지 관점에서 또 다른 본문을 작성할 수 있다. 이렇게 되면 한 권이 아니라 여러권의 책도 문제없이 써낼 수 있다.

7주 차 _ 원고 투고 & 출판사와 계약 & 출간하기 _ 작가 입문

야호! 드디어 인생 최고의 순간, 800군데에서 1000군데 이상의 출판사에 한 번에 원고 투고하는 순간이다. 대한민국 넘버원 책쓰기 학교인 책쓰기 작가수업 김병완칼리지에는 800~ 1000 군데의 출판사 연락처와 이메일을 보유하고 있고, 수업에 참여하는 수강생에게 무료로 제공하고 있을 뿐만 아니라 원고 투고 하는 노하우, 좋은 출판사를 선정하는 방법, 투고 후 계약과 출간 매뉴얼 등을 제공하고 알려 주어 진짜 작가로 도약할 수 있도록 다방면으로 도움을 주고 있다.

7주 동안 고생한 것의 클라이맥스는 역시 출판사 원고 투고 직후에 걸려오는 출판사의 러브콜이다. 수 백 군 데 이상의 출판사에 원고 투고를 하면 다음 날부터 수십 군 데 이상의 출판사로부터 계약하자며 전화와 메일이 불이 나는 것이다. e-메일을 통해 즉시 계약서를 보내오는 출판사도 있고, 직접 만나서 계약을 하자고 직접 만나자고 하는 전화를 거는 출판사도 있다. 바로 이 순간이 그 동안의 모든 노고를 보답 받는 환희의 순간이다.

예비 작가로서 진정한 작가가 되는 첫 관문을 멋지게 통과한 것이라고도 할 수 있다. 출판사와 계약을 할 때 가장 중요한 것 중에 하나가, 어떤 출판사를 선택을 할 것인가이다. 물론 수 백 군데 출판사에서 거절을 하고, 딱 한 군데 출판사가 계약을 하자고 했을 때는 찬밥 더운밥을 가릴 여유가 없다. 무조건 계약을 하면 되고, 그 결과를 하늘에 맡기면 된다. 하지만 여러 군데서 계약을 하자고 연락이 온다면 이때는 정말 신중해야 한다. 순간의 선택이 인생을 좌우하게 될지도 모른다. 어떤 출판사를 선정하고, 어떻게 잘 하느냐에 따라서 당신의 작가로서의 삶이 결정날 수가 있기 때문이다.

그렇다면 어떤 출판사가 초보 작가에게 좋은 출판사일까? 초보 작가의 원고를 자신의 원고처럼 생각해줄 줄 아는 출판사와 담당자여야 한다. 만나서 직접 이야기를 몇 마디 나누어 보면 확실하게 알 수 있다. 먼저 원고에 확신을 가지고 있는 출판사이어야 한다. 성공에 대한 확신도 없다면, 책을 만드는 작업 과정에 열정이나 자부심도 사라져 버릴 것이기 때문이다. 출판사를 선정할 때 인세를 얼마나 주고, 계약금을 얼마나 주느냐보다 더 중요한 것은 책이 완성된 후 과연 어느 정도까지 홍보와 마케팅을 해줄 수 있느냐이다. 이것이 가장 중요할지도 모른다. 어떤 출판사는 전혀 해주지 않는다. 여력이 없기도 하고, 다른 책에 더 집중을 하기 때문이기도 하다. 당신의 책에 집중해 주고 밀어주는 그런 출판사를 선택해야 나중에 후회가 없다.

출판사와 계약이 되는 것은 1개월 안에 가능하다. 하지만 계약 된 후 책이 나올 때 까지는 몇 개월 정도가 걸린다. 빠르면 1개월, 늦으면 12개 월도 더 걸릴 수도 있다. 물론 최악의 경우를 두고 하는 말이다. 출판사와 계약을 하는 것이 안 하는 것보다 훨씬 더 낫다. 계약이 되면, 책이 출간되는 것은 시간문제이기 때문이다. 그러므로 반드시 출판사와 계약을 목표로 책쓰기를 시작해야 한다. 목표가 없으면, 방향이 잘못되고, 제대로 선택과 집중을 할 수 없다.

본문을 다 쓰고 나서 원고를 통째로 출판사에 주면서 원고 투고를 하는 방식도 있다. 하지만 지금은 이런 시대가 아니다. 본문 전체를 통째로 원고 투고를 하면 출판사 입장에서는 가장 좋지만, 작가 입장에서는 좋은 점보다 나쁜 점이 더 많다.

첫째, 출판사와 본문의 성격이나 방향이 맞지 않아서, 원고를 통째로 다시 작성해야 하는 경우도 많기 때문이다. 결국 고생하는 것은 작가인 것이다.
둘째, 출판사로 하여금 원고 전체를 읽게 함으로써 검토 기간이 상당히 오래 걸린다. 비효율적이라고 말할 수 있다.
셋째, 목차 구성과 책의 핵심 주제, 기획 의도, 비교 도서 분석, 저자 소개, 샘플 원고 등과 같은 것들로 충분히 책의 모든 것을 파악하고 평가할 수 있는데, 굳이 원고 전체를 보낼 필요는 없다. 그래도 원고 전체를 보내달라고 하는 출판사가 적지 않다. 이런 출판사는 나름대로의 소신이 있을 것이다. 하지만 작가 입장에서는 원고 전체를 보내기 보다는 일부 샘플 원고만 보내는 방식이 훨씬 더 유리하다.

작가들이여! 출판사의 말에 너무 휘둘리지 말아야 한다. 작가는 용기가 필요하다. 독자들의 악평에도 꿋꿋하게 버틸 수 있는 용기뿐만 아니라 출판사의 주장에도 휘둘리지 않는, 중심을 잡을 수 있는 용기 말이다. 이런 용기는 출판사와 정식으로 계약하고 나서부터 더 중요하다. 출판사가 이렇게 저렇게 자기 좋을 대로 요구하는 것이 많아질 수 있다. 물론 작가와 출판사는 공생의 관계다. 하지만 작가는 언제나 을이었고, 출판사는 갑이었다. 그래서 '출판사, 갑의 횡포'라는 말도 생긴 것이다. 작가는 늘 약자였다. 그래서 출판사가 계약을 해 놓고서 몇 개월 혹은 몇 년이 지나도, 작가의 책을 출간해 주지 않을 뿐만 아니라, 아무 잘못도 없는 원고를 트집 잡으면서, 계약 파기를 일방적으로 하는 경우가 적지 않다. 정식으로 계약이 된 이상, 계약을 일방적으로 파기하고 책을 출간해 주지 않는 것은 엄연한 계약 위반이며, 출판사의 갑의 횡포이다. 필자도 이런 경우를 많이 당해 봤다. 그렇기 때문에 작가들이여! 출판사와 계약을 한 이후부터 더 정신을 차려야 한다. 물론 좋은 출판사, 정직한 출판사, 작가를 배려해 주는 출판사가 훨씬 더 많다.

출판사와 계약을 하면, 너무나 기분이 좋아서, 하늘을 날 것 같고, 구름 위를 떠다니는 기분이 든다. 자녀들에게 정말 자랑하고 싶고, 자부심도 느끼고, 인생을 살면서 최고로 기분이 좋은 순간일 수도 있다. 이 기분을 필자는 잘 안다. 하지만 이런 승리의 기분에 도취되어 헤어 나오지 못 하면 안 된다. 이제부터 시작이라는 마음으로 새롭게 시작해야 한다. 계약서 내용을 꼼꼼히 살펴서, 언제까지 원고를 넘겨야 하는가를 먼저 체크하고, 그 마감기한 한 달 전까지 원고를 다 작성해서 마무리한다고 목표를 잡고 집필 일정을 세우고, 지금 당장 시작해야 한다. 미리 미리 시작해서 한 달 전에 완료 하는 것이 좋다. 완료했다고 해서 바로 원고를 넘겨서는 안된다.

원고 마감 기한 일주일 전에 넘기는 것이 가장 좋다. 너무 빨라도 이상하게 생각하고, 너무 늦어지면 출간이 힘들 수도 있다. 출판사 담당자와 수시로 자주 연락하고, 소통을 하는 것이 매우 중요하다. 결국 책은 사람이 만드는 것이기 때문이다. 출판사 계약 이후 신경 써야 하는 것은 마감 이전까지 원고 완성하는 일과 출판사 담당자와의 긴밀한 소통 관계 유지다.

판권

초판 인쇄: 2026년 1월 10일
초판 발행: 2026년 1월 10일

펴낸이: 김병완
펴낸곳: (주) 플랫폼연구소

출판등록: 제 2020-000075호

이메일: pflab2020@naver.com

주소:서울시 강남구 삼성동 116 백우빌딩 402호

ISBN 979-11-24195-43-7 (03010)